In Gnade und Güte – geborgen im Herz des Meisters

Mein Dank

Ich danke meinem grenzenlos liebenden Freund, Meister und Heiler, dem *CHRISTUS-Licht*, für die Gnade und Güte, die ich so oft in SEINER Präsenz fühlen kann und DIE mir die Hand geführt hat beim Aufschreiben der Botschaften dieses Buches.

Geliebter und verehrter Meister, ich lausche DEINER Stimme so gern und liebe es, DEINE Sekretärin zu sein, wenn DU mir deine Botschaften von innen zu flüsterst.

Ich danke dir, Rolf, für deine emsige, kompetente und geduldige Unterstützung beim Herstellen dieses Buches. Du bist einfach prima!

Ich danke euch, ihr lieben Leser und Leserinnen der bereits seit Jahren bestehenden Botschaften auf meiner Webseite, für die Vielfalt euer wertschätzenden Feedbacks und der immer wieder einmal gestellten Frage: „Gibt es das auch als Buch? Ich möchte es gern in der Hand halten und lesen, wo ich gerade bin, auch ohne PC?!"

Durch eure berührenden Worte und die Erzählungen, was die Botschaften „mit euch machten" entstand der Impuls, diese und noch weitere Christus-Botschaften als Buch zu veröffentlichen, was mir sehr, sehr viel Freude machte.

Ich danke dir, liebe Marianne, für dein Vertrauen in die Worte, die durch mich gesagt und geschrieben werden und die du so gern weiter gibst. Danke für deine Wertschätzung und unsere Verbundenheit im Herzen des EINEN, der alles ist.

Und ich danke euch, ihr ehemaligen TeilnehmerInnen meiner Montags- und Dienstagsgruppen, ihr Freunde und Klienten in Nah und Fern – gemeinsam fühlten und fühlen wir die göttliche Präsenz und IHRE liebevolle Führung, denn

Wo zwei oder drei in MEINEM Namen versammelt sind, da bin ICH mitten unter ihnen.

Marina Kaiser

In Gnade und Güte -
geborgen im Herz des Meisters

Botschaften aus dem EINS-Sein mit CHRISTUS

Bibliografische Information der Deutschen Nationalbibliothek:
Die Deutsche Nationalbibliothek verzeichnet diese Publikation in der Deut-
schen Nationalbibliografie; detaillierte bibliografische Daten sind im Internet
über http://dnb.dnb.de abrufbar.

© *2015 Marina Kaiser*

Cover-Gestaltung: Marina Kaiser

Herstellung und Verlag: BoD – Books on Demand, Norderstedt

ISBN: 978-3-7386-1047-5

Inhaltsverzeichnis

Wie es zu diesem Buch kam -
ein Gruß von mir an dich, lieber Leser, liebe Leserin

Liebe Mitspielerin, lieber Mitspieler im göttlichen Spiel des Lebens!

Eines schönen Morgens kam mir die Idee, dich in meinen inneren heiligen Ort einzuladen, indem ich dich teilhaben lasse an den Gedanken und Botschaften, die ich erhalte. Ich möchte „meinen inneren Tempel" öffnen für alle Besucher, die sich davon angezogen fühlen. Du bist also herzlich eingeladen, lieber Leser!

Wie kam es zu diesen Christusbotschaften?
Sie entspringen dem, was ich in meinem Herzen "höre", wenn ich an Christus denke. Ich gehe davon aus, dass wir alle eins sind – auf einer unsichtbaren Ebene miteinander verbunden – und uns daher aufeinander ein schwingen und miteinander auf Seelenebene verbinden können. Es ist also das, was ich auf meiner inneren Ebene von IHM wahrnehme, von "meinem innerer Meister Christus" bzw. auch von der "unendliche liebenden Geist-Wolke", die überall ist.

Ich habe IHM meine Sehnsüchte und Gefühle gesagt, und ich bekam hilfreiche, tröstende, frohe Botschaften tief aus dem Inneren meines Seins. Dabei hatte ich das Gefühl, Christus spräche direkt in meine Gedanken hinein. Deshalb nenne ich das, was ich wahrnahm, „Christus-Botschaften".

Wäre ich ein Buddhist, hätte ich wahrscheinlich das Empfinden, diese Gedanken kämen von der heiligen Buddha-Natur meines Seins. Wäre ich ein Moslem, dächte ich... Es gibt noch viele solcher Sätze, die du nach deiner Anschauung auch verändern könntest.

Ich will damit sagen, dass der universelle Geist der Liebe immer wieder zu allen Zeiten spricht und Menschen findet, die aufschreiben, was sie wahrnehmen. Aus „meinen" Botschaften und Zusagen ist dieses Buch entstanden, das mir selbst auch immer wieder hilft, morgens mit neuer Kraft und wachsendem Frieden in den Tag zu gehen. Dabei ist der göttliche Freund „Zufall", der die Karten mischt und das Büchlein auf der passendsten Seite auf schlägt, ein enorm wichtiger Helfer. Ich sehe ihn als einen der wichtigsten Berater im Spiel des Lebens und lerne immer wieder neu, seine Sprache zu verstehen.

Dass auch du, lieber Mitspieler, liebe Mitspielerin im großen Spiel, das „Leben heißt" in deinem inneren heiligen, heilenden Raum mehr und mehr zu Hause bist und dich als geliebtes Kind des Lebens fühlst, wünscht dir mit einem dicken Lichtstrahl aus meinem Herzen

Marina Kaiser
Hildburghauser Str. 10 12779 Berlin
Tel.: 030 / 721 8938

Internet: www.marina-kaiser.de
https://marinakaiser.wordpress.com/

Email: marina@marina-kaiser.de

P.S.: Gern kannst du deine Gefühle beim Lesen dieses Buches, deine Erfahrungen und Gedanken mit mir teilen.

Ein Gebet an meinen besten Freund

Christus

DU mein wunderbarer, liebender Meister und Freund!

In DEINER bedingungslosen Liebe lebe ich,
DICH verehre ich,
und bitte DICH:
trage mich, tröste mich, führe mich, nimm mich!

Wohin DU mich führst, will ich gehen.
Was DU mir zeigst, will ich sehen.
Was DU mir sagst, will ich tun,
mit DIR handeln, in DIR ruh´n.
Ich will wagen zu sagen: Ich bin bereit -
mit DIR bis in die Ewigkeit!

DU bist es, der mich ins Ungewisse schickt.
DU weißt die Lösung für alles, was drückt.
DU weißt Bescheid in allem, was gut für mich ist.
DU bist es, der mich liebt und niemals vergisst.

Und dennoch ist mir immer wieder ´mal bang,
mein Vertrauen reicht oft nicht den ganzen Weg lang.
Ich geb DIR auch meine Angst, meinen Zweifel, meinen Schmerz
Beruhige DU mich – und stärke mein Herz.

DIR will ich alles von mir geben,
DU, mein Meister, mein Freund – trägst mich durch´s Leben!

Sei mir willkommen!
ICH BIN dein gütiger Freund und Meister
in der Tiefe deines Seins

Du mein unendlich geliebtes Menschenwesen!

Kennst du MICH?
Weißt du, dass ein Teil meiner Energie auch in dir ist? ICH bitte dich:

Suche MICH nicht außerhalb von dir!
ICH BIN in dir – und auch weit um dich herum.
ICH BIN das Bewusstseinsfeld des liebenden Christus,
das Christus-Bewusstsein,
das für alle Menschen und in allen Menschen lebt.

In vielerlei Weise bin ICH dir nahe und möchte MICH dir auf immer wieder neue Weise verständlich machen. Dieses Buch ist ein Weg, den deine Seele gefunden hat, um dich mit MIR vertrauter zu machen, einer von vielen...

ICH möchte dir nah sein, ICH möchte dir helfen, MICH in dir fühlen zu können – so wie es Jesus konnte.

Jesus von Nazareth war so sehr eins mit MIR, dass sein Leben und Wirken die Jahrtausende überdauert hat und noch heute inspiriert zur grenzenlosen, vergebenden Liebe.

Aber nicht nur in ihm BIN ICH lebendig, viele Menschen waren und sind auch heute bereit, MICH in ihrem Herzen zu fühlen, meine Stimme als ihre innere Stimme der Weisheit und Liebe zu vernehmen. Auch du kennst mich als solche, mein geliebtes Wesen.

Weil du dir eine noch innigere Beziehung mit MIR wünschst, trete ICH nun auch über dieses Buch an dich heran und sage dir:

Fürchte dich nicht!
Und wenn doch, so wisse MICH bei dir.
Es ist in Ordnung, wenn Angst da ist,
auch wenn sie nicht nötig wäre.

Ja, ICH weiß, Angst ist eine der Grunderfahrungen menschlichen Lebens. Wir werden im Laufe unserer Begegnungen auch hier in diesem Buch noch öfter darüber sprechen.
Auch Jesus hatte Angst. Auch ER kannte Zeiten der Schwäche, Wut und Verzweiflung.

ICH weiß, du möchtest so gern frei von all dem sein, frei von der Last deines so genannten Schattens, frei von den Gefühlen und Verhaltensmustern, die von dir und den meisten Menschen abgelehnt oder zumindest als unangenehm empfunden werden.
Dazu sage ICH dir:

**Sei bereit zu lernen, dich genauso zu lieben wie du bist.
Das will ICH dich lehren. Das üben wir gemeinsam, okay?**

**Umfange all deine schwierigen, schmerzlichen Gefühle
mit der Barmherzigkeit und dem Mitgefühl deines Herzens.
Dabei will ICH dir helfen! Dafür bin ICH da.
Gemeinsam schaffen wir das!**

Mein lieber Freund, meine liebe Freundin, du kannst noch so sehr gegen deinen Schatten ankämpfen - er gehört zu dir. Kein Licht ist ohne Schatten möglich in dieser dreidimensionalen irdischen Welt. Deshalb lass dein Licht leuchten, und akzeptiere auch den Schatten, den es wirft.
Lass uns gemeinsam zurück denken: Schon immer wolltest du alles tun, um so zu sein, dass du „richtig" bist - was auch immer „richtig" sei.
Warum? Weil dir beigebracht wurde, dass du nur auf eine ganz bestimmte Art und Weise liebenswert wärst, die Regeln dafür legten andere fest.
Und warum haben deine Bezugspersonen dir das so vermittelt? Weil sie es nicht besser wussten und konnten, denn auch sie sind so erzogen wurden , sowie auch ihre Eltern und deren Eltern. Das kannst du unendlich weit zurückverfolgen.

Die Werte dessen, was „richtig" und „gut" sei, haben sich möglicherweise verändert, aber die Voraussetzung, dass Kinder, Jugendliche und Erwachsene meinen, sich anstrengen zu müssen, um Bedingungen zu erfüllen, damit sie sich geliebt fühlen können, ist geblieben.

Das ist unter anderem auch deshalb so, weil Menschen ihrem Wesen nach gar nicht anders können, als an Grenzen ihrer Liebesfähigkeit zu stoßen. Denn als fühlende Wesen können sie sich immer nur in den gefühlsmäßigen Wellen ihres bewegten Gemüts bewegen, die mal heftiger und mal sanfter sind – stets aber einem Auf und Ab unterworfen.

ICH weiß, wie schwer es dir manchmal fällt, dieses Auf und Ab anzunehmen, liebes Wesen.

ICH weiß, wie gern du vollkommen wärst.

Doch ICH sage dir: durch das Annehmen deiner menschlichen Unvollkommenheit wächst du in die Liebe hinein, die du schon immer gesucht hast.

Beim Annehmen deiner Einzigartigkeit will ICH dir helfen!

Wie jedes Wesen sehnst du dich nach nie endender bedingungsloser Liebe und suchst sie wie die meisten Menschen oft bei anderen.

Was hast du nicht schon alles getan, um dich von jemandem geliebt zu fühlen?!

Vielleicht magst du jetzt mit MIR gerade einen Blick darauf werfen? Lass es uns mit Verständnis und Mitgefühl anschauen. Du hast dich so sehr bemüht... Dennoch war es immer wieder mit Enttäuschungen verbunden. Denn die menschliche Liebesfähigkeit ist begrenzt – deine und die der anderen.

Ihr könnt Euch der allumfassenden, dauerhaften bedingungslosen Liebe nur annähern, Vollkommenheit werdet Ihr darin nicht erlangen so lange Ihr als Mensch auf Erden weilt. Dennoch bleibt die Sehnsucht nach der grenzenlosen, immer verfügbaren Liebe.

Doch es ist ja so:

**In dem ganzen allumfassenden Sinne wirst du diese Liebe
niemals von einem anderen Menschen bekommen können!
Alles ist der Unvollkommenheit und der Veränderung unterworfen
durch die persönlichen Grenzen eines jeden Menschen,
wie weit diese auch gesteckt sein mögen.**

**Grenzerfahrungen der Liebe, gegenseitige Verletzungen aufgrund
von Missverständnissen und der „wunden Punkte" eines jeden,
sowie auch gewollte und ungewollte Abschiede
gehören zum Leben und sind unumgänglich.
Spätestens mit dem Tod eines geliebten Menschen wirst du
die Erfahrung von Abschied auf der persönlichen Ebene machen.**

**Nur du selbst kannst als liebender Gefährte immer bei dir sein.
Und mit dir, in dir, BIN ICH.
ICH BIN immer da!
ICH BIN die ersehnte verlässliche Liebe, dein ewiger Gefährte.**

Was ist es also was bleibt?
Einer meiner engsten Freunde sagte einmal :
„Es bleiben Glaube , Hoffnung, Liebe – aber die Liebe ist die größte unter ihnen" (Im Brief des Paulus an die Korinther).

Und die Liebe verbindet alle Wesen miteinander und mit MIR.

ICH sage dir: Die Liebe ist die wahre Essenz deines Wesens.
SIE schließt alle Unvollkommenheiten und Schwächen ein – deine und
die deiner Mitmenschen.

Diese Liebe kommt tief aus dem tiefsten Inneren. Wenn du ganz still bist und dich in dich hinein sinken lässt, kannst du SIE spüren. SIE kann so hauchzart sein, dass SIE kaum wahrnehmbar ist. SIE kann so kraftvoll sein und dich so ergreifen, dass du nicht weißt, wie dir geschieht.

Vertraue, liebes Wesen!
Manchmal brauchst du vielleicht etwas Geduld, um ihren ersten Hauch zu spüren. Doch sei dir ganz sicher: SIE ist da, denn SIE ist deine eigene Quelle, der Urgrund deines Seins.
Nur in IHR findest du das Gefühl, grenzenlos geliebt zu sein, nach dem du dich so sehnst. Und erst, wenn du tief tauchst, tief in dich hinein, wirst du diese Liebe finden. ICH BIN dabei an deiner Seite!

**ICH BIN dein Tauchlehrer
im Ozean deines wunderbaren gigantischen Wesens,
das du in Wahrheit bist,
und von dem du nur die Spitze des Eisberges kennst.
Ich führe dich heim zu deiner Liebe!
Und je öfter du SIE in dir fühlst und leben lässt,
umso mehr kannst du auch andere Menschen so lieben.**

**Deshalb: Liebe deinen Nächsten wie dich selbst.
Nur durch deine innere Quelle kannst du dich
dauerhaft und bedingungslos geliebt fühlen und lernen,
andere ebenso zu lieben.**

Die ersehnte Liebe bekommst du von MIR geschenkt!

Mein innig geliebter Mensch!

Vielleicht hast du es ja bereits erkannt, dass alle Anstrengungen und Bestrebungen, so zu sein, wie andere dich haben wollen, nicht zu deinem ersehnten Ziel führen? Denn das, was du suchst, ist ja **in** dir - und nirgendwo sonst zu finden. Deshalb brauchst du auch nicht „irgendwie" zu sein, um es bekommen zu können, denn es ist ja bereits da – in deiner unmittelbaren Nähe, in dir selbst. Dennoch bist du immer wieder einmal am Ackern und Rudern, um dich von anderen Menschen verlässlich und sicher geliebt zu fühlen – wenigstens ein bisschen...

ICH bitte dich, lass deine Anstrengungen los!

ICH verstehe dich so gut, mein geliebtes Wesen, denn dir ist so lange etwas anderes suggeriert worden.

Immer wieder hieß es: "Wenn du dir nur Mühe gibst, so und so zu sein, wenn du dich nur genügend anstrengst, dies oder jenes zu tun, dich so oder so zu verhalten, dann ist alles gut, dann bist du „richtig", dann wirst du gewollt und geliebt. Und du hast dich so sehr bemüht und bemühst dich immer noch! Glaube mir, ICH weiß, wie viel Energie dich das gekostet hat!

So weit war dein Weg bis hierher. Mutig und unter Aufbietung all deiner Kräfte bist du ihn gegangen, hast dich bemüht, alles so „richtig" und „gut" wie möglich zu machen, um dir die Bedingungen für Wertschätzung, Zuwendung und Liebe zu erarbeiten. Und immer wieder machtest du die Erfahrung: Die gewünschten Ergebnisse, Wohlbefinden, Liebe, Frieden, Glück, waren selten in dem Maße zu erringen, wie du es dir gewünscht hättest, so sehr du dich auch bemühtest. Schließlich hast du bemerkt: So vollkommen und so gut, wie du meinst sein zu müssen, um endlich das zu erreichen, was du so sehr ersehnst, konntest und kannst du niemals sein. Wie sehr hat dich das geschmerzt! Wie oft hast du dich dadurch unzulänglich oder sogar schuldig gefühlt! ICH war dabei voll Mitgefühl an deiner Seite.

Immer wieder flüsterte ICH dir zu und sage es dir auch jetzt:

Unvollkommenheit liegt in der Natur des menschlichen Wesen.
Du kannst gar nicht anders sein! Keiner kann anders sein!
Ihr habt die Unvollkommenheit eures menschlichen Wesens
zu Beginn Eurer irdischen Reisen gewählt.

Wie lange willst du dich also noch bemühen, um (vergeblich) zu versuchen „gut" zu sein? Wie viele Anstrengungen willst du noch auf bieten, um deinen Ansprüchen von Vollkommenheit zu genügen? Das Wichtigste kannst du dir nicht erarbeiten.

Glaube mir: Das, was du ersehnst, bekommst du von **MIR in dir** geschenkt. Du kannst es nicht erwerben durch das Erfüllen bestimmter Bedingungen. Völlig unabhängig davon, wie du dich wem gegenüber auch immer verhältst, du bist geliebt, grenzenlos geliebt!

Denn du lebst im Raum der Liebe, du atmest Liebe, du isst und trinkst Liebe, und vor allem: Du bist Liebe.

Deine Essenz und die Essenz aller Wesen **ist** reine Liebe.

Je eher du bereit bist, alles los zu lassen, was du meinst, erfüllen zu müssen, je tiefer du dich in dich selbst fallen lässt, umso deutlicher wird dir werden, dass die Liebe immer da ist, in dir und um dich herum.

Dein Wert und deine Liebens-Würdigkeit ist unerschütterlich,
unabhängig davon, was du tust oder lässt -
ebenso wie der Wert aller Wesen.

Und weil es so wesentlich ist, sage ICH es noch einmal in aller Klarheit:

Du kannst von keinem Menschen dauerhaft das erhalten,
wonach du dich so sehnst: verlässliche bedingungslose Liebe.
Deshalb kannst du getrost dein Kämpfen und Ringen aufgeben.
Du bekommst diese Liebe von MIR in dir geschenkt!

Ein neuer Morgen in MEINEM Schoß kommt - ohne Mühe

Mein geliebtes Wesen!

In der vorigen Botschaft habe ICH dir gesagt:
ICH BIN die Kraft in dir, die dich erlöst von der Illusion, durch Anstrengung Liebe erhalten zu können. Es gibt keine äußeren und keine inneren Bedingungen, die zu erfüllen sind, um Annahme, Wertschätzung, und Liebe zu erwirtschaften, denn all' das ist bereits da.
Die Frage ist nur, ob du es glaubst, ob du es auch wahrnehmen kannst?
Und hier komme ICH ins Spiel, ICH – das lebendige Christusbewusstsein in dir und in allem, was lebt.

ICH helfe dir dabei, dass sich MEIN Bewusstsein
der allumfassenden Liebe nach und nach in dir vertieft.

Der erste Schritt ist, es gedanklich zu erfassen, es zu glauben, dass Liebe und hoher Wert ein Grundbestandteil jeden Wesens sind. Dazu gehört die Bereitschaft, zu erkennen, was Eure anerzogene Urteilshaltung in Eurem Leben bewirkt: Sie trübt Euer aller Frieden und Wohlbefinden.
Die grundsätzliche Erkenntnis dessen und die Bereitschaft, in eine neue von Druck befreite Einstellung hinein zu wachsen, ist ein weiterer Schritt. Denn wenn du dir die Ansprüche, die du an dich stellst, bewusst machst, kannst du bald darüber lächeln und lernen, sanfter mit dir umzugehen. Wenn du aufhörst dich vor deiner eigenen Verurteilung zu fürchten, lebst du wesentlich entspannter und stressfreier. Und du kannst leichter Frieden finden mit dir selbst und deinen Mitmenschen.
Wenn ICH nun aber sagen würde: Glaube an deinen Wert und an den eines jeden Wesens, vertraue der überall vorhandene Liebe, und befreie dich von jeglichen Ansprüchen und Urteilen über dich und andere, würde ICH auch damit bestimmte Bedingungen setzen, die du, um glücklich zu sein und Frieden erlangen zu können, erfüllen müsstest.

Der Kreislauf des Bemühens, diesmal um die "richtige" gedankliche Grundeinstellung ginge wieder neu los.

Deshalb sage ICH dir nicht: Befolge diese Hinweise - und du erhältst was du ersehnst, sondern ICH sage dir:

Sei unbesorgt, du wächst von selbst
in die urteilsfreie, drucklose Haltung der Liebe.
Es geschieht. ICH helfe dir dabei, dazu bin ICH da!
Deine Bereitschaft genügt.
Du musst gar nichts tun, nicht einmal vertrauen.

Wie sollst du vertrauen, wenn du es gerade einfach nicht kannst? Wenn gerade das dein momentanes Problem ist?

Glaube MIR in dir, dein Vertrauen wird wachsen, ganz gewiss, denn nichts bleibt, wie es ist, und das Gewahr-Sein deines Selbst, das dich bedingungslos liebt, ist wird immer intensiver! Diese Entwicklung der Weg und das Ziel deiner Reise. Und entwickeln kann man nur etwas, was schon da ist. Ent-wickeln heißt etwas Vorhandenes von Umwickelungen und Umhüllungen zu befreien, bis es sich frei und rein zeigen kann.

Der Prozess des Lebens, die Reise durch all' deine Inkarnationen ist ein Ent-wicklungs-Prozess. Die Wickel und Hüllen sind die Illusionen der Bedingtheit, der Scham, der Wertlosigkeit, der Schuld und viele, viele andere. Sie werden nach und nach ab-gewickelt. Mit jeder Hülle, die sich löst, wirst du freier, leichter und glücklicher durchs Leben gehen. Bitte beachte die Worte: die sich löst, nicht: die du löst.

Dieser Prozess verläuft wellenförmig. Ab und zu scheint es auch mal wieder schwerer zu werden, weil du eine Krücke los lässt, die dir das Gehen zwar erst erleichterte, dich jedoch irgendwann am leichten Weitergehen behindert hat. Ohne Krücke zu gehen, wird zunächst auch erst einmal der Gewöhnung bedürfen. Dieser Prozess der Ent-wicklung vollzieht sich mit jeder Erfahrung, die du machst, mit jedem Gedanken, den du denkst, und mit jedem Gefühl, das du fühlst.

Bitte bemerke: ICH sage nicht: „Mit den guten Gefühlen oder positiven Gedanken" - ICH sage „Mit jedem Gefühl und jedem Gedanken".

Die Entwicklung zum Gewahrsein der Liebe
und der Annahme dessen, was ist, vollzieht sich in der Zeit,
die dazu gebraucht wird, von ganz allein.
Du brauchst, ja du kannst dir dazu gar keine Mühe geben.
Du kannst diesen Prozess weder aufhalten noch beschleunigen.
ES geschieht.

Lass ES geschehen, und wenn du magst,
schau interessiert zu dabei, was geschieht,
in dir und um dich herum.

Lass dich vom Leben leben,
so weit es für dich zur Zeit möglich ist -
ohne Anstrengung, ohne Mühe, ohne unbedingtes Wollen.

Jedes krampfhafte Wollen oder Vermeiden-Wollen ist eher hinderlich als hilfreich.

Doch setze dich bitte auch diesbezüglich nicht unter Druck. Auch hier gilt: So lange die Haltung des Bemühens noch in dir ist, ist es so. Auch das ist in Ordnung, du hast alle Zeit der Welt.

Irgendwann kommt der Punkt, da bist du zu müde zu kämpfen und dich anzustrengen, da gibst du auf, was auch immer erringen zu wollen, da lässt du los von allen 'Ich müsste'- 'Ich sollte'-Ansprüchen. Da fällst du in den Schoß des Lebens, in meinen liebenden Lichtschoß und fühlst eine wunderbare grenzenlose Erleichterung, wenn der neue Morgen mit seinem rosa-goldenen Licht der Liebe in deinem Gemüt aufklart und du erkennst:

Ich hätte all diese Anstrengungen nicht gebraucht, ich kann leben - einfach so - aus Lust daran, ich bin geliebt so wie ich bin, ich bin wertvoll, ohne irgendetwas vollbringen zu müssen, weil alle und alles voll Wert ist. Ich kann einfach sein so wie ich bin, mal aktiv mal passiv, mal wach mal müde, mal schnell mal langsam... in jedem Moment so wie ich bin - und alles ist gut. Es war eine lange Reise bis hierher - und ich habe sie genauso gewollt! Ich bin in dieses Spiel gegangen, in ein Spielfeld vieler Runden voll Spannung und Langeweile, voll Plus- und Minuspunkten, mit Ereigniskarten, Spannungsfeldern, Gefängnisecken, mit Kraftkarten und Lösungshilfen... und mit den gemeinsam verabredeten Regeln unter den Mitspielern meiner Wahl, um irgendwann das Spiel als solches zu erkennen.

Denn während ich so verbissen spielte, würfelte, setzte und weiter zog, vergaß ich, dass alles nur ein Spiel ist.

Jetzt, wo ich das wieder weiß, kann ich es lockerer angehen. Hier im Schoße Christi, der bedingungslosen Liebe atme ich auf.

Und ICH, dein Christus, werde dir lächelnd zunicken:
Ja geliebtes Wesen, so ist es - ruh dich aus.

Und wisse dabei, du wirst es noch etliche Male wählen, meinen Schoß wieder zu verlassen und in das Abenteuer der Spiel-Illusionen eintauchen, weil die Erlösung, die du empfindest, wenn du wieder loslassen kannst, so immens intensiv und wundervoll ist. Für diese Momente, die immer öfter in dir wie ein neuer Morgen erwachen, spielst du deine anstrengenden Spiele.

Denn ohne Stress keine Entlastung, ohne Angst keine Erlösung, ohne Schlaf kein Erwachen. ICH gebe dir in all dem die Zusage:

ICH BIN bei dir, alle Tage bis an des Spieles Ende,
das wieder einen neuen Anfang in sich birgt.
Im ewigen Prozess des Lebens bist du immer unterwegs.
Warum also dich nicht jetzt sofort in diesen Moment hinein
entspannen und deine Reise genießen?
An welchem Punkt du auch immer gerade bist:
ICH BIN in unendlicher Liebe bei dir, in dir und um dich herum -
ohne Wenn und Aber!
Dein liebender Freund Christus

Im Becken deiner Kraft – eine Meditation

Sei herzlich gegrüßt, du mein geliebtes Wesen, Kind des Himmels und der Erde!

ICH heiße dich willkommen in meinem Herzen, ICH heiße dich willkommen in meiner Liebe, ICH heiße dich willkommen, wer auch immer du bist, wo auch immer du bist, was auch immer du tust - und ICH sage dir:

Du bist willkommen, genauso wie du bist!

Dieses Willkommen gilt ganz besonders in den Zeiten, in denen du dich kraftlos, überfordert, in Selbstzweifeln oder in anderer Weise geschwächt fühlst.

Selbstzweifel, Zweifel an Gott, Angst, all das kenne ICH aus meiner Inkarnation als Jesus Christus, und deshalb verstehe ich dich so gut. ICH möchte dir Geburtshelfer sein, Geburtshelfer in ein neues, leichteres Lebensgefühl. Du bist jetzt manchmal dabei, die Wehen zu erleben, die Wehen durch Angst, Schuld, Sehnsucht, Trauer und Zweifel. Aber sie gehen vorbei. Sie kommen in Wellen und gehen auch wieder - und geboren wird das neue Lebensgefühl.

Woraus wird es geboren? Aus der dir tief innewohnenden Kraft des Lebens. Und da du zur Zeit in einem Körper lebst, kannst du dir vieles am leichtesten und am besten vorstellen, wenn du dir von deinem Freund Körper dabei helfen lässt.

Die Kraftquellen deines neuen, wohligen, erlösten Lebensgefühls, deine inneren Kraftquellen, liegen im Herzen und tief in deinem Bauch. Jetzt möchte ICH dich dazu anregen, deine Aufmerksamkeit in deinen Bauch zu senden. Wenn du magst, lege dazu die Hände auf deinen Bauch. Dort ist ein wunderschönes Becken der Kraft. Es ist ein heiliges Taufbecken.

Erlaube dir nun, dich von deinem Kopf langsam in deinen Bauch hinunter sinken zu lassen. Stell dir vor, wie du ein ganz kleines Menschlein in deinem Kopf bist, das da – wie du sicherlich gern zugeben magst – oft hin und her wandert, und wie dieses Menschlein jetzt ganz langsam wie mit einem Luftballon herab schwebt bis tief in dieses warme Becken in deinen Bauch hinein. Dort unten siehst du eine wunderschöne, golden schimmernde, leicht ins orange gehende Schale, mit warmem Kraftwasser. Bald bist du dort unten angekommen. Dieses Becken, diese Grotte hier tief unten in deinem Bauch, beherbergt dich nun, hier kannst du dich ganz und gar entspannen und im Wasser deiner Kraft baden.

Auf ganz natürliche Weise bist du hier aller Masken und aller Hüllen ledig. Ganz nackt, so wie du bist, ruhst du, schwimmst du in diesem warmen, angenehmen, nährenden Wasser, das dich heilt und stärkt. Angenehme Dämpfe steigen dabei auf, und du spürst bald gar nicht mehr die Grenze, wo dein Körper aufhört und wo das wunderbare Wasser anfängt. Alles ist eins. Und je mehr sich die Grenzen deiner Wahrnehmung auflösen, umso mehr dehnst du dich aus, umso mehr entspannst du dich und umso mehr wirst du mit der Kraft eins, die tief in deinem Bauch wohnt.

Gib dich diesem wohligen Einssein hin, erlaube es dir, mehr und mehr einfach nur da zu sein und die wunderbare Kraft dieses magischen Wassers aufzunehmen. Genieße dieses heilende Bad. ICH BIN bei dir.

Wenn es Zeit ist, dein Bad zu beenden, bemerkst du meine geöffneten Arme, die dich aus diesem inneren Taufbecken herausheben.

Du hast dich gereinigt, du hast dich aufgeladen mit Kraft und Liebe - und nun hörst du meine Stimme, die dich liebevoll bei deinem Namen ruft. Meine geöffneten Arme warten auf dich.

Wie ein kleines Kind hebe ICH dich aus diesem Becken heraus und schwebe mit dir sanft aufwärts in dein Herz. Du bist sicher gehalten in meinen starken, liebenden Armen. Du kannst deinen Kopf anlehnen an meine Brust und meinen Herzschlag hören, der mit deinem eins ist.

ICH nehme dich so, wie du bist, ganz nackt und bloß
in deiner ursprünglichen Schönheit .
ICH lasse dich fühlen: Du bist geliebt, so wie du bist.
Und sollte es da noch einen Rest an Unsicherheit geben,
so hat sie ein warmes geborgenes Plätzchen im Herzen.

Spüre meine Umarmung und meine Liebe! In dieser Umarmung steige ICH mit dir ganz langsam aufwärts. Es ist wie ein sanftes Schweben, in dem du ganz sicher gehalten bist, bis hinein in den Raum, in dem deine Herzsonne leuchtet, dieses strahlende Zentrum in der Mitte deiner Brust. ICH trage dich in dein Herz hinein. Hier ist tiefer Frieden... hier ist Zärtlichkeit... hier ist der Ort der Heilung, in dem sicher und geborgen bist. Denn hier fühlst du Liebe, dein innerstes Zentrum. Und wenn du jetzt fragst: „Ist das **mein** Herz?", dann sage ICH dir: ja und nein.

Es ist dein Herz, geliebtes Wesen,
es ist aber auch gleichzeitig das Herz der großen All-Seele,
die sich in viele einzelne Menschen
und viele einzelne Wesen zersplittert hat,
in Milliarden und Trilliarden von Herzsonnen.
Sie alle sind Bestandteile einer einzigen Sonne.
Und so ist MEIN Herz, das Herz des Christusbewusstseins,
auch dein Herz, geliebter Mensch.

Du kannst es dir so vorstellen, dass dein Herz in meinem Herzen ruht. Das Tor meines Herzens ist für dich immer weit offen. Darin liegt dein Herz, das immer auf dich wartet.

Es gibt verschiedene Wege, um in dein Herz hinein zu gelangen: Du kannst dich von MIR dorthin tragen lassen, von wo auch immer. ICH kann dich aus deiner Kraftgrotte im Bauch aufwärts tragen in dein Herz hinein, ICH kann aber auch in deinen Kopf kommen, dich in den Arm nehmen und mit dir sanft hinab schweben in dein Herz.

Und falls du mit deinen Gedanken bei irgendeinem anderen Menschen bist, dir seinen Kopf zerbrichst, dir seine Sorgen machst, dann kann ICH auch dort hinkommen und dich heimtragen - zurück in deinen Kopf und von dort in dein Herz hinein.

ICH hole dich heim, von wo auch immer du bist,
du brauchst nur an MICH zu denken,
ICH trage dich in dein Herz, in das Zuhause deiner Seele.

Mein Gnadengeschenk – ICH mache mich für dich bemerkbar

Du mein geliebtes Menschenkind!

In meiner Inkarnation als Jesus habe ICH gern Geschichten erzählt. Eine meiner Lieblingsgeschichten erzählte von einem verlorenen Schaf, das sich weit weg von seiner Herde irgendwo verirrt hatte und von einem gütigen, sorgsamen Hirten heim geholt worden ist. Dieser gute, liebende Hirte bin ICH auch heute noch.

**Wo auch immer du bist, geliebter Mensch, ich suche dich.
Und Kraft meiner Gnade kann ich dich sogar dann suchen
und finden, wenn du nicht einmal nach mir rufst.
Das ist eine große kosmische Ausnahme.**

Engel und die meisten anderen himmlischen Wesen dürfen nur dann einschreiten , wenn sie darum gebeten worden sind. Dieses Bitten setzt einen bewussten Akt voraus. ICH biete dir meine Arme auch dann an, wenn du mich nicht einmal bittest oder rufst. ICH trete in dein Bewusstsein durch die eine oder andere Weise, aber du kannst ganz sicher sein - ICH werde mich dir niemals aufzwingen.

Die Einladung ist: Du kannst dich von MIR heim tragen lassen.

ICH mache dir dieses Geschenk aus tiefster Gnade heraus, dass ICH ab und zu auch ungerufen in dein Leben trete - ungerufen von deiner bewussten Persönlichkeit, denn einer tieferen Ebene deines Selbst bin ICH immer willkommen. Deine Seele braucht mich gar nicht zu rufen, mit IHR bin ich ohnehin immer in Verbindung.

**Wann immer du dich verirrst im Wald deiner Sorgen,
in den Klüften deiner Ängste,
in den Tälern deiner vermeintlichen Schuld –
ICH BIN da, wo auch immer du bist, ICH BIN da für dich
und ICH mache mich sogar für dich bemerkbar.**

Doch versichere ICH dir: ICH werde dich niemals woanders hin tragen als in dein Herz, in den Lichtfunken der großen Herzsonne unserer All-Seele. Und damit trage ICH dich heim. ICH weiß, du hast eine so große Sehnsucht heim zu finden, aber du hast auch eine große Sehnsucht, immer wieder von diesem All-Einen wegzugehen, um die Lebendigkeit und die Überraschungen des Lebens zu fühlen. Denke daran, geliebtes Wesen, wann immer es dir zu anstrengend wird, du kannst jederzeit heimkehren in dein Herz - und dazu brauchst du nichts als die Bereitschaft, dich von MIR heim tragen zu lassen. Du musst dazu nichts leisten, du musst dazu nichts wissen, du musst nichts können. Du brauchst keine bestimmte Meditationstechnik, du brauchst dir keine Übungen aufzuerlegen.

Es genügt ein Signal zu senden an dich selbst und damit an MICH, heimzukehren in dein Herz, in den Raum des Friedens, den du immer und überall zur Verfügung hast.

Dieses Signal kann mein Name sein, dieses Signal können einige tiefe, ruhige Atemzüge sein, dieses Signal kann der Gedanke an Licht und Liebe sein, dieses Signal können gefaltete Hände sein, was auch immer für dich ein Zeichen deiner Bereitschaft heimzukehren ist, das nutze und sei sicher, es wird so geschehen.

Du hast immer und überall die Möglichkeit, dich in dir selbst auszuruhen.

Egal wo du bist, egal was du tust, mitten in einer Arbeit, auf der Straße, im Bus, in deinem Bett, während der Hausarbeit, im Umgang mit Menschen – schenke dir selbst einen Moment des Gedankens ‚heim' - verbunden mit einem sanften, tiefen Atemzug - und ICH verheiße dir, du wirst dich anders fühlen als vorher. Das ist MEIN Geschenk an dich, dass ICH mich dir immer wieder anbiete, dass ICH dir meine Gnade schenke, die du durch nichts erarbeiten musst, die einfach für dich da ist, denn ICH liebe dich so sehr. Du brauchst nur meine Liebe für dich an zu nehmen, zum Beispiel indem du SIE einatmest oder SIE dir als liebende Licht-Umarmung vorstellst!

ICH segne deinen Weg

Sei gegrüßt lieber Mensch,

Eine Inkarnation von MIR war der Mensch Joshua Ben Joseph in Nazareth, Jesus Christus. Ein Teil meiner Energie war gebündelt in diesem Menschen. Wie ICH dir schon sagte, ist meine Energie jedoch so allumfassend, so gigantisch, so unendlich, dass sie Teil eines jeden Menschen ist. Sie ist in dir und um dich herum. Du brauchst nur das Wort Christus zu denken und schon bin ICH da, bin ICH für dich spürbar.

Dann, wenn du an MEINE Art der Liebe denkst,
dann denkst du an MICH,
und dazu ist es völlig unerheblich,
ob du meinen Namen nennst oder nicht.

ICH habe die Energie der Gnade, der Bedingungslosigkeit ins Bewusstsein der Menschheit gebracht und diese Energie ist es, die dich immer wieder aufatmen lässt.

ICH habe dir gesagt, geliebtes Wesen, du brauchst nichts zu erfüllen, du brauchst nichts zu leisten, um geliebt zu sein. Du brauchst nichts zu wissen, nichts zu können, nichts zu erbringen, um geliebt zu sein – du bist unendlich geliebt! Du brauchst auch nichts zu verstehen, nichts zu begreifen um geliebt zu sein – du bist es in jedem Moment deines Seins. ICH liebe dich – ICH, die tiefste Kraft der Liebe in dir und in dem weiten Feld des Bewusstseins um dich herum.

Oft machst du deinen Wert, die Betrachtungsweise deines Selbstes davon abhängig, wie „gut" du in irgendetwas bist. Lieber Mensch, das macht nicht deinen Wert aus!

Jeder Mensch hat seinen Wert in sich durch den Platz, den er hat in dieser Welt, durch all die Erfahrungen und Gefühle, die er bereit ist zu durchleben, um das große Ganze damit noch vielfältiger, noch reicher zu machen.

Und du **bist** bereit, bestimmte Erfahrungen und Gefühle zu durchleben, von Hochspannung bis Langeweile, von Angst bis Urvertrauen, von Zweifel bis tiefe Gläubigkeit, von Aggression bis Frieden, von Gleichgültigkeit bis Liebe. Diese ganze Palette von Gefühlen steht dir offen, und deine Seele wählt mit dir zusammen in jedem Moment.

Sie hat auch schon in der zeitlosen Ebene zwischen den Inkarnationen entschieden, welche dieser vielfältigen Gefühlsqualitäten du in diesem Leben erfahren willst – und das sind viele. Deine Bereitschaft dazu ist da. Allein diese Bereitschaft, sei sie nun bewusst oder unbewusst, ist es, die deinen Wert als Mensch ausmacht. So lange du auf dieser Erde lebst, bist du bereit als Mensch zu fühlen, was auch immer zu fühlen ist.

Auch ICH hatte eine große Bandbreite verschiedener Gefühle damals, als ICH in Jesus inkarniert war. ICH bin unter anderem deshalb den Weg bis zur Kreuzigung und Auferstehung gegangen, um zu zeigen, dass der äußere Erfolg nichts über den Wert eines Menschen aussagt.

ICH hätte viele Bestätigungen von der Welt damals haben können, aber das sollte so nicht sein, weil ICH genau das nicht wollte. Meine Seele, mein geistiger Vater und meine geistige Mutter, wollten etwas anderen mit MIR und für MICH und damit für dich, für uns alle:
WIR wollten zeigen, dass, ganz egal, wie die Beachtung und Wertschätzung im Außen aussieht, der große Wert, die Qualität im Herzen, das Entscheidende ist, um alle Widrigkeiten bis hin zum Tod und darüber hinaus zu überdauern. ICH sage das immer und immer wieder:

Welche Lebensqualitäten, welche Erfahrungen
du auch immer wählst,
du machst damit der Welt ein Geschenk.
Mit jeder Erfahrung, mit jedem Gefühl, das du durchlebst,
machst du die Welt reicher.

Du weißt es sicher, ICH habe damals gerne Geschichten erzählt, weil in Geschichten die Gefühle so deutlich werden.

Eine weitere Geschichte, die ICH damals ganz besonders liebte, war das Gleichnis vom verlorenen Sohn: Darin ist ein junger Mann weggegangen vom heimischen Hof. Er wollte Neues erleben, er wollte das Leben erfahren, das ihm zu Hause in der Einheit mit Vater und Mutter in der Lebensgemeinschaft nicht beschieden werden konnte. Er scheute sich nicht, für sein Bedürfnis einzutreten und sogar von seinem Vater sein Erbe zu fordern, obwohl dieser noch gar nicht tot war. Er hatte den Mut zu sagen: „Ich will ins Ungewisse, in die Fremde gehen und dort etwas erleben". Das ist es, was jeder Mensch tut, wenn er sich entschließt zu inkarnieren. Er verlässt die Einheit und geht woanders hin, um das Abenteuer, das Leben heißt, gefühlsmäßig zu erfahren.

Jener junge Mann in der Geschichte machte dort in dieser Fremde sowohl Erfahrungen des Genusses als auch die Erfahrung des Misserfolges und der Verachtung. Er fiel so tief, wie man nicht mehr tiefer fallen kann. Selbst für seine körperlichen Notwendigkeiten war nicht mehr gesorgt. Er hatte nichts zu essen, keine Kleidung, kein Dach über dem Kopf. Dann entschloss er sich, zurückzukehren und sich der Gnade seines Elternhauses anheim zu stellen.

Dieser Weg fiel ihm nicht leicht. Er musste vor sich selbst zugeben, dass der Erfolg, den er so sehr erstrebt hatte in der äußeren Welt, nicht eingetreten war, und er ging diesen Weg in banger Ungewissheit, was ihn erwarten würde.

In dieser Zeit lernte er Demut. Mit dem Gedanken: „Es steht mir eigentlich gar nichts mehr zu, denn ich habe schon alles bekommen, und ich bin es wahrscheinlich nicht einmal wert, wie ein Sohn behandelt zu werden. Ich bin dankbar, wenn ich als Knecht aufgenommen werde."

Er ging also ohne irgendeine Gewissheit, fast ohne irgendeine Hoffnung, ohne eine Vorstellung, was da kommen würde. Trotz allen Bangens, wie er wohl empfangen werden würde, spürte er tief in sich:"Nur nach Hause zieht es mich jetzt zurück."

Wie groß war seine Überraschung über den Empfang, der ihm bereitet wurde! Als er in die Nähe seines Elternhauses kam und der Vater ihn bemerkte, öffnete dieser seine Arme weit, lief ihm entgegen und umarmte ihn, hieß ihn als seinen Sohn willkommen, freute sich, zeigte ihm seine Liebe und richtete für ihn ein Willkommens-Fest aus.

Zu diesem Fest lade ICH nun auch dich ein, geliebter Mensch.

Immer dann, wenn du glaubst versagt zu haben, wenn du ohne irgendetwas zu wissen, ohne irgendeinen Anspruch einfach auf MICH zukommst und sagst: „Nimm mich mit all dem, was mir misslungen ist.", sage ICH dir: Komm her und sei getrost - ICH nehme dich in meine Arme, geliebtes Wesen, immer und immer wieder. Immer und immer wieder! Was auch immer dir misslungen ist, worin auch immer du meinst, schwach und fehlerhaft zu sein, komme zu MIR – und sei sicher: ICH werde immer meine Arme für dich öffnen. Ja! Auch dann, wenn du das, was gerade ist, selbst „angerichtet" hast und nicht mal genau weißt, wie und wodurch es dazu kam... – gerade dann!

Wenn du in manchen Momenten nicht mehr weiter weißt,
dann kannst du, wenn du still wirst,
meine Hand auf deiner Schulter spüren.
Du brauchst dich nur zu wenden, deine Augen zu schließen
und deinen Kopf an meine Schulter zu lehnen.
Dann umarme ICH dich mit meiner Liebe,
die größer und tiefer ist als alles,
was du in der irdischen Welt finden kannst.

Bitte verstehe:
Du wirst immer wieder herausfallen aus dem Bewusstsein der Einheit – symbolisiert durch das Elternhaus – und immer wieder wirst du Schritte zurück machen,nach Hause, hin auf das Bewusstsein der Einheit.

Dabei wisse:

Wenn du einen Schritt machst,
komme ICH dir 100 und mehr Schritte entgegen –
immer und immer wieder!

Da gibt es niemals ein ‚zu spät',
da gibt es niemals ein ‚zu oft',
da gibt es niemals ein ‚jetzt ist es aber genug',
da gibt es immer ein absolutes ‚Willkommen!'

Denn du bist diesen Weg gegangen, um diese Erfahrungen zu machen, die du gemacht hast, um der Lebendigkeit willen, die schließlich über kurz oder lang immer in ein noch tieferes Gewahrsein der Liebe führt.
Und ICH segne diesen Weg.

ICH segne jeden Weg, den du gehst.
Es gibt keine „falschen" Wege.

Gib MIR deine Schuldgedanken,
und lass uns täglich ein Fest der Unschuld feiern

Mein geliebter Bruder, meine geliebte Schwester

Nimm meine Zusage jetzt tief in dich hinein.
Atme die folgenden Worte ein:

Ich segne jeden Weg, den du gehst - jeden!
Für das große Ganze machst du all diese Erfahrungen,
die angenehmen wie die unangenehmen,
die schmerzlichen wie die genussvollen,
die „guten" wie die „bösen" Erfahrungen.
Mit allem bereicherst du das Leben.
Ohne Gegensätze funktioniert das Leben nicht.
Sie sind die Pole, zwischen denen die Liebe fühlbar wird.
Und deshalb, geliebter Mensch, gibt es keine Schuld!

Mögen diese Gedanke jeden Tag in dir wirken!
Mögest du jeden Tag erwachen mit dem Gewahrsein meiner bedingungslosen Annahme und Liebe!

Und da Ihr meine Geburt mit dem Weihnachtsfest verbindet, wünsche ICH dir täglich ein Gefühl wie Weihnachten!

Denke an an jedem Morgen, wenn du aufwachst als erstes an MICH. Sollten Schuldgefühle da sein, leg sie getrost in meine geöffneten Hände.

ICH nehme dir deine Schuldgedanken ab.
Wenn du Weihnachten feierst, feiere deine Schuldlosigkeit!

Weihnachten ist der Raum der Unschuld, und tief in deinem Herzen weißt du das.

Deshalb wurde als Symbolfigur für die Geburt der Unschuld eine Jungfrau, eine „unschuldige" Jungfrau gewählt. Es ist unwesentlich, ob sie wirklich Jungfrau war. Sie ist das Symbol der damaligen Zeit für Unschuld. Und die Energie der Unschuld war es, die die Menschen, wenn sie an MICH dachten, gespürt haben.

Es ist gleichgültig – gleichermaßen gültig, ob du daran glaubst, dass Maria eine Jungfrau war oder nicht. Wichtig ist, dass du dir dessen bewusst bist, dass du, wenn du Weihnachten feierst, den Raum der Unschuld betrittst, der Urteilsfreiheit, der Gnade.

In deiner Essenz bist du ein absolut unschuldiges Wesen, denn du tust das, was du tust, weil du es aus deinem Inneren heraus tun „musst", um zu dem Spiel ‚Mensch auf Erden' beizutragen.

Vater und Mutter Gott sind dir unendlich dankbar,

dass du diesen nicht immer leichten Weg gewählt hast,

um so intensiv <u>alle</u> Gefühle zu fühlen,

die ja nur durch ihre Gegensätze so tief erfahrbar sind.

Wie könnten SIE dich dann verurteilen dafür, wenn du tatsächlich beide Pole erlebst in der einen oder anderen Variante. Im Gegenteil, sie sagen dir ‚Danke' für deine Bereitschaft und öffnen ihre Arme weit, um dich immer dann, wenn du es willst, einkehren und zur Ruhe kommen zu lassen.

Und so laden WIR dich ein, MEIN Fest, das Fest der Geburt im Raum der Unschuld, täglich zu feiern.

Feiere Weihnachten als ein Fest der Unschuld - und wenn dich dann noch Schuldgedanken drücken, dann gib sie MIR, gib sie in meine Arme.

Auch wenn dich Gedanken drücken, ein anderer sei Schuld an irgendeinem Schmerz, einem Missempfinden oder Missgeschick von dir, dann gib ebenfalls diese Schuldzuweisung ab, und gib sie MIR.

Gib MIR all das, was für dich schwer zu tragen ist.
ICH mache das Schwere leicht,
ICH mache das Dunkle hell,
und ICH bringe das Bewusstsein der Einheit dahin,
wo Trennung und Zwietracht herrscht.
Wann immer du es mit deinem Denken und Fühlen schwer hast,
halte inne und wisse dich von MIR geliebt.

Diese Liebe ist es,
die jeder Engel, jeder Meister, jede Meisterin
dir in unterschiedlicher Färbung zukommen lässt.
Diese Liebe ist es,
die dein liebendes Meister-Selbst, dein hohes Selbst,
dir und allen Wesen in jedem Moment zu fließen lässt -
diese grenzenlose bedingungslose Liebe.

Atme SIE ein...
Fühle dich von IHR gehalten...
Wisse dich in IHR geborgen...

Verliebe dich leidenschaftlich in dich selbst!

Du mein innig geliebtes Wesen!

Kannst du dich an einen Moment erinnern, in dem du dich tief und innig geliebt fühltest?

Möglicherweise bist du gerade jetzt im Genuss dieses wunderbaren, erhebenden Gefühls. Vielleicht liegt eine solche Erfahrung aber auch schon ein Weilchen zurück, vielleicht hast du sie aber in dieser Intensität auch noch nicht machen können...

Falls das so sein sollte, nutze deine Fantasie, um dir die schönste, beglückendste Weise, in der du dich geliebt fühlen willst, vor zu stellen. Male dir aus oder hole dir die Erfahrung in deiner Erinnerung, wie es sich anfühlt, wenn dir ein liebender Mensch sagt, dass du das Wunderbarste bist, was ihm in seinem Leben geschehen konnte. Stell dir vor, wie dich jemand mit leuchtenden Augen betrachtet und in allem, was du tust, nur das Beste, das Schönste, das Edelste sieht.

Und nun lasse diesen Jemand **du selbst** sein, geliebtes Wesen!

ICH möchte dich in die bedeutsamste, treueste, wichtigste Liebesbeziehung deines Lebens hinein führen.

ICH möchte, dass du diese Liebe zu dir selbst fühlen kannst, von Tag zu Tag immer intensiver.

ICH möchte, dass **du** für dich die Sonne in deinem Leben bist, dass du von dir in allem, was du tust, das Schönste, das Edelste, das Beste denkst, dass du zärtlich, mitfühlend und achtsam mit mit dir umgehst, dir Zeit, Spaß und alles, was dir gut tut, gönnst - dich richtig verwöhnst!

ICH möchte dich anleiten,
dich tief in dich selbst zu verlieben,
denn du bist der einzige Mensch in deinem Leben,
auf den du dich immer und überall verlassen kannst.
Du bist der einzige, der jederzeit bei dir ist – nur du!

Spüre nach, lieber Freund, liebe Freundin, was du bei diesen Gedanken empfindest. Ist da Freude? Neugier? Beklommenheit? Gibt es Widerstände? Ängst? Begrenzende Gedanken? Lass alles zu, was da ist. Vielleicht magst du es aufschreiben. Und dann lass dir von MIR sagen:

DU darfst und du sollst dich in inniger Weise lieben!
Es ist dein natürliches Geburtsrecht,
dir selbst der liebevollste Partner,
die liebevollste Gefährtin zu sein.
Die tiefe Liebe zu dir selbst lässt dich
strahlend schön, unendlich froh und hingebungsvoll liebend
deiner Wege gehen und auf diese Weise
zu einer liebenden Kraft für die Welt werden.

ICH bitte dich, mein geliebtes Wesen, schau dich an mit meinen Augen, rede zu dir mit meiner Stimme, denke über dich mit meinen Gedanken, umsorge dich mit meiner Kraft – der Kraft der Liebe.

Was immer du für dich tust, tust du für die ganze Welt, denn auch die Liebe, die du zu dir selbst entwickelst, fließt ein ins große Ganze und macht die Welt ein Stückchen heller. Wahrlich ICH sage dir:

Ginge jeder mit sich selbst
sanft, verständnisvoll und gütig um,
würden Frieden und Liebe überall Einzug halten,
und der Geist der Gnade
würde bis in die letzten Winkel strömen.
Denn jeder wäre so erfüllt von Liebe,
dass er das natürliche Bedürfnis fühlen würde,
seine Liebe weiter zu geben
und das Licht der Freude am Leben leuchten zu lassen.

Und deshalb bitte ICH dich, sei bereit mit Schmetterlingen im Bauch dir selbst gegenüber zu stehen und dich in der liebevollsten Weise zu behandeln, die du dir nur vorstellen kannst.

Du könntest den Tag damit beginnen, dir selbst einen frohen, wunderbaren Tag zu wünschen. Vielleicht hast du ja Lust, dir einen zärtlichen, ermutigenden Liebesbrief zu schreiben. Vielleicht möchtest du dir als Zeichen deiner Liebe eine rote Rose kaufen. Vielleicht möchtest du dir erlauben, irgendetwas zu tun, das dir einfach nur Freude macht – ganz ohne Ziel und Zweck.

Was dir auch immer einfällt, um dir deine Liebe zu zeigen, sei gewiss: Du tust es in meinem Namen – im Namen der leuchtenden Liebe. Und solltest du den Eindruck haben, dich in dieser Weise nicht lieben zu können, so lass dir sagen: Im tiefsten Inneren BIST du Liebe, auch wenn du das nicht immer fühlen kannst. Um dafür ein Gefühl zu entwickeln, tu einfach so als ob! Mache ein Spiel daraus:

Tu so, als ob du jemand wärst,

der hoffnungslos verliebt ist in einen Menschen

und diesem Menschen seine Liebe zeigen will.

Schlüpfe dann in die Rolle desjenigen, der auf wunderbare

liebevolle Weise umworben und verehrt wird.

ICH verspreche dir, je öfter und je hingebungsvoller du dieses Spiel spielst, umso eher wirst du die darin verborgene Wahrheit fühlen können. Solltest du Sorge haben, dass dir die nötige Fantasie für solches Spiel fehlt, sage ICH dir:

Sei einfach bereit, dann bekommst du Hilfe!

ICH liebe dich aus deinem tiefsten Inneren heraus und sorge dafür, dass du die Liebe zu deinem wunderbaren Selbst mehr und mehr fühlen kannst. ICH reiche dir die Hand und führe dich ins Land deiner sich erfüllenden Sehnsucht, ins Land der unbegrenzten tiefen Liebe, derer du dir immer ganz sicher sein kannst.

Dein dich liebender treuer Gefährte   *Christus*

Sitze mit MIR

Mein innig geliebtes Wesen,

heute möchte ICH dich einladen, dich für eine gewisse Zeit ganz still hin zu setzen, mit offenen Armen und offenem Geist.
ICH sitze dir gegenüber und segne dich mit meinem liebenden Herzen. Atme ganz sanft und ruhig und mache dich ganz weich, ganz offen. MIR darfst du dich öffnen! MIR kannst du dich ganz unbesorgt öffnen, JA Geliebtes, sei da, mit allem was dich bewegt, mit allem was dein Leben ausmacht, mit allem, was du bist. Sei einfach da! ICH weiß, da gibt es einiges, wofür du dich schämst, einiges was dich schmerzt, womit du unzufrieden bist - lass es einfach da sein.
So oft glaubst du, irgendetwas mit dir oder deinem Leben sei nicht in Ordnung. Lass auch das einfach da sein und sei weiterhin so weich und offen, wie es dir möglich ist. ICH BIN da mit meiner ganzen Liebe und ICH sage dir:

Nur durch die Akzeptanz dessen, was ist,
kann Veränderung geschehen.

ICH weiß, das zu akzeptieren, was dich unzufrieden macht mit dir und deinem Leben ist schwer. Doch ich helfe dir dabei, jetzt und immer wieder. Deine Bereitschaft, mit all dem einfach da zu sein und dich MIR zu öffnen genügt. Spürst du es geliebter Mensch? Spürst du die sanfte Ahnung des Friedens? Die Schwingung der ruhigen Geborgenheit in meiner bedingungslosen Liebe?
Dieses weiche, offene DA–SITZEN ohne irgendeine Absicht möge für dich ein Ruhe–Pol in deinen Tagen werden. Ob kurz oder lang – sitze mit MIR so lange es für dich angenehm ist. Sitze mit MIR in Stille und nimm den langsam entstehenden Frieden von MIR als Geschenk.
ICH BIN da, mit dir da, für dich da – JETZT, heute und immer,
in unendlicher Liebe... Dein Freund *Christus*

Ich unterstütze dich in deiner Heilung

Geliebte Freundin, geliebter Freund!

Selbst wenn etwas geschieht, das dir als Kind und auch später immer wieder weh getan hat, will ICH dir helfen, dich sicher zu fühlen, auch das verkraften zu können und dich weiterhin im Leben geborgen zu fühlen. ICH will deine alten Wunden heilen, indem ICH dich meine verlässliche Liebe durch innere Bilder fühlen lasse, die dir Geborgenheit und Frieden vermitteln mögen.

Gedankenkraft ist pure Energie!

Damit du Gelegenheiten bekommst zu erkennen, was noch der Heilung bedarf, erzeugst du unbewusst immer wieder Situationen, die dich den noch nicht geheilten Schmerz fühlen lassen, bis du Wege gefunden hast, mit ihm leichter leben .

Du bist umgeben von vielen Wesen und Energien, die dir dabei helfen – in sanfter und manchmal auch in herausfordernder Weise. Manchmal sind gerade die Menschen, die dir sehr nahe stehen, diejenigen die deine tiefen Schmerzen heraufbeschwören.

Auf tiefster Ebene ist das ein Liebesdienst, obwohl du es natürlich nicht so empfindest.

Doch wisse, dass in diesen schmerzlichen Momenten und Lebensphasen, auch der Gegenpol, die belebenden, stärkenden, tröstenden Kräfte in dir und um dich herum wachsen!

Ich möchte dich im folgenden Kapitel an einen inneren Ort führen, an dem du das Gefühl, geliebt und geborgen zu sein, wo du dich stärken und nähren kannst.

Dafür schenke ich dir jetzt ein heilendes Mantra:

ICH BIN im Leben geborgen.

Für Leben kannst du auch „Liebe" oder „Gott" einsetzen – je nachdem was in dir das tiefste Gefühl auslöst.

Bedenke dabei auch, dass das Leben sich auf verschiedensten Ebenen abspielt, auch deine innere Welt gehört zum Leben. Alle Welten im Diesseits und Jenseits sind Teil des Lebens – und du bist Kraft deines Geistes mit allen verbunden und kannst dir diese EINS – SEIN bewusst machen, wenn du dich gedanklich dorthin begibst. Deine innere Welt wartet auf dich und steht dir in jedem Moment offen.

Mittels deiner Vorstellungskraft kannst du dich mit allem verbinden, was dir gut tut - und jede wohltuende Vorstellung löst Gefühle aus, die dich nähren und stärken.

Dein inneres Heiligtum

Stelle dir jetzt bitte ein Kirchenfenster vor mit wunderschönen, intensiv leuchtenden Farben. Vielleicht ist es ein geometrisches Muster, das du darin sehen möchtest, vielleicht ein Mandala, vielleicht auch eine gegenständliche Szene oder das Bild einer bestimmten Person, eines Tieres, einer Blume... Gestalte es dir so, wie es dir gut gefällt. Das Sonnenlicht scheint durch dieses Fenster in einen herrlichen Raum.

Du bist gerade dabei, dir dein inneres Heiligtum zu gestalten, deinen ganz persönlichen heilenden Ort, an dem du tiefen Frieden und Ruhe finden kannst.

Wie wünschst du dir, dass dein inneres Refugium aussehen möge?
Was brauchst du, um dich dort sicher, geborgen wohl und gut behütet zu fühlen?
Einen weichen Teppich, auf den du dich setzen, legen oder auch knien kannst?
Stühle, Sessel, Bilder an den Wänden und an der Decke?
Säulen, Blumen, Düfte, Kerzen, Symbole welcher Art?

In der Mitte schwebt vom Boden bis zur Decke ein riesiges Lichtherz aus rosa-gold-farbener Energie.

Dort ist der Platz, auf dem du dich nun nieder setzen kannst. Das Herz beinhaltet die Liebe deines gesamten Seins, es ist dein wahres inneres Wesen. Setze, stelle, knie oder lege dich dort hinein und werde ganz still, nahezu bewegungslos. Atme diese Liebe ein, diese ruhige, bedingungslose Liebe – deine Liebe, die MEINE Liebe ist. Genieße jeden einzelnen Atemzug, spüre, wie dein Gefühl sich ausdehnt in einen Frieden hinein, der Heilung möglich macht, tiefe Heilung auf allen Ebenen.

Frieden ist die Grundlage für Heilung.

Öffne dich, um diesen Frieden einziehen zu lassen – in alle Bereiche deines Wesens und deines Körpers, in jede Zelle, in jeden Gedanken, in jedes Gefühl.

Und sollte es gerade verletzte, traurige, wütende, angstvolle, von Schuldillusionen beladene Gefühle in dir geben, so bringe sie mit. Geh mit ihnen hinein in dein Herz, in diesen Raum der wahren tiefen, bedingungslosen Liebe. Auch ICH BIN dort.

Und solltest du nur wenig, oder gar keinen Frieden finden können, so beschließe, geliebter Freund, geliebte Freundin, beschließe (!) jetzt, um diesen Frieden zu bitten, der durch bedingungslose Akzeptanz entsteht.

ICH weiß, es ist manchmal schwer, bestimmte Umstände oder Eigenschaften des eigenen Wesens oder von anderen Menschen zu akzeptieren. Auch zu akzeptieren, dass es schwere, unruhige Gefühle in dir gibt, fällt schwer – ICH weiß! Doch keine deiner Bitten wird unbeantwortet bleiben. ICH kann dir dabei helfen, Frieden zu finden.

Der erste Schritt besteht in deiner Bereitschaft, das was ist, an zu nehmen. Vielleicht geht es zunächst darum, zu akzeptieren, dass du jetzt gerade keinen oder nur wenig Frieden fühlen kannst.

1. Dein Beschluss, 2. deine Bitte um Hilfe und 3. deine Bereitschaft erlauben MIR und all deinen guten Kräften, von innen heraus in dir zu wirken.

So wirst du nach und nach in immer tiefere Akzeptanz hinein wachsen – Akzeptanz deiner Gefühle, Akzeptanz deiner Mitmenschen, Akzeptanz deines Körpers, Akzeptanz der jeweiligen Situation...

Hier im Herzen deines inneren heiligen Ortes kann sie dich mit der Zeit immer mehr erfüllen. ICH helfe dir dabei. Glaube es, du findest den ersehnten Frieden – in sanften tiefen Atemzügen – von Tag zu Tag leichter.Mögest du immer wieder in deinem täglichen Leben denken

„Ich beschließe das was ist und was ich fühle anzunehmen!"

„Ich bitte DICH, Christus, mir zu helfen, Frieden zu fühlen."

„Ich bin bereit, zu akzeptieren und lasse es geschehen."

„Ich atme Frieden ein... Gott, Dein Wille geschieht – in allem!"

Lege alles auf den Altar der Gnade

Du mein innig geliebtes Wesen,

ICH kenne deine große Mühe, alles gut und richtig zu machen. ICH weiß um dein verzweifeltes Ringen, alles zu vermeiden, was anderen Wesen weh tun könnte. Und doch geschieht es von Zeit zu Zeit immer wieder einmal. Es kann dir nicht gelingen, Schmerz zu vermeiden, weder deinen noch den der anderen. Und ICH kenne auch deine verzweifelten schmerzlichen Empfindungen und die dabei manchmal entstehenden Schuldgefühlei.

Dazu sage ICH dir:

All deine Anstrengungen führen dich ins tiefe Verstehen, dass du gar nicht anders kannst, als deine Rolle im großen Plan zu erfüllen. Was sein will, wird geschehen.

ICH weiß: Schuld- und Unzulänglichkeits-Gefühle tun so weh!

Was hilft? Hingabe, Demut – der Mut zur Demut...

Gib den Kampf gegen deine Schwächen auf!

Sie gehören zu dir als Startkapital in diesem Leben, genau wie deine Stärken und Talente. Sag JA dazu!

Opfere deinen Anspruch, jemals nur „gut" sein zu können. Leg ihn auf den Altar der Gnade. Es wird dir niemals gelingen, ihn zu erfüllen. Deine Rolle als Mensch in diesem Lebensspiel erlaubt es nicht. Du hättest dich noch mehr anstrengen können – bis zur totalen Erschöpfung – und du kannst es immer noch – dennoch könntest du nicht vermeiden, dass andere durch dich an ihren Schmerz geraten, den sie als Seele gerufen haben, der sie in die Liebe wachsen lässt.

Du kannst und konntest es mit aller Mühe niemals erreichen, euren Seelen-Verabredungen zu entgehen. Kein Mensch kann das!

Keiner kann anders fühlen, denken und handeln, als es in jedem Moment geschieht. Jeder tut in seinem Rahmen der Möglichkeiten das Beste! Auch du! Immer! Immer! Immer!

Noch einmal:

Das von dir auf höherer Ebene gewählte Schicksal
mit genau dieser Rolle, die du als Mensch gerade spielst,
ist stärker als dein Anspruch, immer „gut" zu sein.

Was hilft, wenn du manchmal in Seelenschmerz bist gegen etwas bewusst oder unbewusst ankämpfst?
Gelobe deinem Selbst die Bereitschaft zur bedingungslosen Hingabe an das, was sich erfüllen will und bedenke: Du weißt nicht, auf welche Weise und in welcher Zeit dies alles zu einer so tiefen Liebe führen wird, für die all das, was jemals schwer war und ist, sich lohnt. Nur durch die bedingungslose Hingabe an **alles** findest du Frieden.

ICH flüstere dir immer und immer wieder zu :

Du hast in jedem Moment deines Lebens das Beste getan,
was dir möglich war – so wie jeder Mensch auf Erden –
und was daraus erwächst, das liegt in Gottes Hand.
Lege alles, was du fühlst, in SEINE Hand. Lass es dort!
Schenke dir die Erlösung, IHM zu überlassen,
wann und wie es der Liebe dienen kann!
ER LIEBT ALLES!

Wann immer du dich unzulänglich fühlst, denke oder sprich die kraftvollen Worte:

„Ich bin bereit, alles auf den Altar der Gnade zu legen."

Dann erwarte das Wirken der Gnade – SIE lässt dich nie im Stich!
ICH BIN die Gnade selbst, dein Freund, dein Tröster, dein Heiler

Christus

ICH BIN der, auf den du dich immer verlassen kannst!

Mein geliebtes Wesen,

Es gibt Stunden im Leben, in denen du dich unendlich wund und verlassen fühlst. Gerade in diesen Stunden, in denen du Trost und Beistand dringend gebraucht hättest, fühlst du dich damit allein gelassen, und das möglicherweise sogar von dem Menschen, von dem du es am wenigsten erwartet hättest.

Auch dann wenn du seine Gründe verstehen und akzeptieren kannst, tut es dennoch so weh, so sehr weh...

Für diese Momente tiefster Enttäuschung sage ICH dir:

ICH verstehe dich aus tiefstem Herzen!

Auch ICH habe das in Gestalt von Jesus erlebt – in Gethsemane in der Nacht meiner Angst. ICH bat meine Vertrauten in den Stunden meiner tiefsten Verunsicherung und Not mit mir zu wachen in der Nacht, bevor ICH gekreuzigt werden sollte. ICH wusste, was MIR bevor stand und mein menschliches Bewusstsein hatte Angst davor, so große Angst! Aber sie sind eingeschlafen – alle!.

Auch ICH war in den schlimmsten Stunden mit meiner Furcht und Pein allein.

Möchtest du wissen, was MIR geholfen hat?

ICH rang um die Verbindung mit meinem Vater, der unser aller Vater ist, geliebtes Menschenkind. Es war nicht leicht, aber die Bitte um Gnade IHN fühlen zu können, ließ es geschehen: Der ALL- EINE Geist, der alles durchdringt, alles hält und in sich birgt, in dem sich alles bewegt und wieder still wird, der Geist Gottes, hat mich da durch getragen, so wie ER auch dich trägt, mein Liebes.

Natürlich ist ER nicht nur Vater, die göttliche Kraft ist ebenso auch Mutter. SIE ist immer und überall da und hält dich in ihrer liebenden Energie. Auch jetzt ist SIE mit ihrem Licht, ihrem Verständnis und ihrer Kraft bei dir.

Du aber hast deine Aufmerksamkeit genau wie Jesus im Garten von Gethsemane nicht immer auf SIE gerichtet, weil du Trost und Beistand bei Mitmenschen suchst. Als dein Freund und Bruder sage ich dir:

Es ist an der Zeit, dir aus höchster Quelle das geben zu lassen,
was du so dringend brauchst:
Geborgenheit, Verständnis, Mitgefühl, Liebe...

Lehne dich zurück, entspanne dich und atme, liebes Wesen, atme Gottes Liebe ein, SEIN liebendes Licht. Die göttliche Kraft selbst will in ihrer reinen Form von dir aufgenommen werden. SIE ist da – hier und jetzt, in diesem Moment. Ja, wirklich, lieber Mensch, wende dich IHR zu. SIE gibt dir ALLES! Alles, was du brauchst und noch viel mehr...

Und das kann nur SIE, das kann kein Mensch! Deshalb ist die Situation jetzt so wie sie ist. Deshalb war sie für mich damals so, wie sie war im Garten meiner schrecklichsten Nacht auf Erden. Gott, mein Vater, meine Mutter wusste, dass nur SIE und ER mir die notwendige Kraft geben konnten. Deshalb **musste** es so sein, dass meine Freunde derartig müde wurden und mir nicht beistehen konnten. Ich musste dahin finden, meinen Trost, meinen Beistand, meine ganze Hilfe von Vater-Mutter-Gott zu bekommen. Und SIE half mir dabei. ER nahm meinen Geist in seine liebenden Hände des Lichts. SIE hielt dabei mein zitterndes Herz in ihren heilenden Händen der unendlichen Liebe und flüsterte in mein wundes Gemüt:

WIR, die Kräfte Gottes sind da.
WIR tragen dich durch alles, was kommt, hindurch.
Spürst du es schon?
Nimmst du den Hauch von Erleichterung bereits wahr?
Wenn nicht, auch okay! Erwarte einfach die Gnade.
SIE kommt ganz sicher!
WIR halten dich und Frieden zieht ein...
Alles wird leichter als du jetzt glaubst.

In diesem Sinne spricht Gott es jetzt zu dir, liebes Menschenkind. Ganz klar und unendlich liebevoll flüstert ER dir zu:

ICH BIN DA. ICH BIN deine größte Kraftquelle.
Wende dich MIR zu in den Stunden deiner Not.
Du bist nicht allein.
Du warst es nie und wirst es niemals sein.
Sprich die magischen Worte:

„Gott, Vater, Mutter meines Seins,
in deine Hände lege ich meinen Geist.
Ich will jeden Kampf beenden!
Dein Wille geschehe,
ER geschieht ja in allem!"

ICH helfe dir, deinen Weg zu gehen, Schritt für Schritt... ICH geh mit! Du wirst immer neue Kraft bekommen, täglich, stündlich. Das verspreche ICH dir.

Und ICH möchte, dass du an MEINER Hand den Weg nicht nur vorwärts gehst, sondern auch Pausen machst, um links und rechts die Blumen zu genießen. ICH will dir zeigen, dass es dir in allem, was ist, auch gut gehen kann, immer wieder einmal.

Lass in Momenten der Einsamkeit deinen Anspruch fallen,
dass ein bestimmter Mensch in bestimmter Weise
gerade dann für dich da sein sollte.
Das vertieft nur deinen Schmerz.
Nimm MICH!

Nimm meine Energie, und halte die Augen offen für die Zufälle und Begegnungen, die ICH dir demnächst zufallen lassen werde.

ICH sorge für dich und ICH BIN da. Gerade jetzt, in diesem Moment. Wende dich MIR zu, MIR dem überall existenten göttlichen Geist.

Finde dazu eine kleine Geste, die dir entspricht, um es dir selbst aktiv zu signalisieren, dass du dich jetzt MIR zuwendest.

Wie wäre es mit einem kleinen Blick nach oben? Obwohl ICH natürlich überall BIN, in dir und um dich herum.

Oder möchtest du deine Hände vor deiner Brust zusammenlegen und die klassische Gebetshaltung für einige Minuten einnehmen?

Vielleicht öffnest du auch deine Hände wie das Sterntalerkind, um die Lichtenergie-Sternchen, die ICH auf dich herab regnen lasse, zu empfangen...

Glaube es, geliebtes Wesen,
ICH BIN DA und trage dich da durch,
genau wie einst meinen Sohn Jesus Christus.

ER ist mit seiner ganzen Liebe jetzt bei dir und sagt dir:

Atme, geliebter Mensch, atme sanft und tief -
und lass dabei geschehen, was Gott geschehen lässt.
Atme aus – alles was du IHM übergeben willst.
Atme ein – SEINE Liebe und Kraft,
IHREN Trost und IHRE Zärtlichkeit,
alles, was dir gut tut.
Und wisse in diesem Moment:
ICH BIN bei dir und helfe dir,
dein Freund, dein Bruder
Christus

Wenn Angst, Verzweiflung oder Schuldgefühle dich quälen...

Du mein innig geliebtes menschliches Wesen,
manchmal weißt du nicht ein noch aus, weil ein diffuses Gemisch schmerzhafter Gefühle in dir tobt.
Manchmal entsprechen sie in ihrer Heftigkeit nicht einmal dem äußeren gegebenen Anlass und sind für dich selbst und erst recht für andere schwer zu verstehen.

Du fragst dich vielleicht:
„Was ist bloß los mit mir und woher kommt Hilfe?
Wer kann mich verstehen, was vermag, meine Not zu lindern?"

Dazu sage ICH dir:
Beruhige dich. Es ist nicht nötig, das Gefühlsgemisch zu analysieren.
WIR alle kennen diese verzweifelten Stunden. Wisse dabei eines:

Jeder Schmerz kommt aus der Tiefe deines Inneren.
Und jede Heilung kommt ebenso aus der Tiefe deines Selbst.

Lass dich von MIR, deinem Freund, Heiler und großem Bruder,
an die Hand nehmen und zu deinem heiligen Selbst führen,
das die für dich notwendige Heilkraft besitzt.

Schließe dazu bitte gleich deine Augen und stell dir vor, wie du dir selbst gegenüber stehst. Sieh dich in deiner ganzen Not, so wie du dich gerade fühlst. In diesem traurigen Gegenüber, das ein Teil von dir selbst ist, zeigt sich dein tiefer Schmerz, deine quälende Angst, dein nagendes Schuldgefühl, deine bebende Wut – oder was auch immer sonst noch da sein mag.
Sieh dich an – und wenn es dir irgend möglich ist, betrachte dich mit Verständnis, Güte und Mitgefühl.

Dann schau etwas höher. Über dir, also über deinem schmerzerfüllten Gegenüber schwebt ein glitzerndes Lichtgespinnst aus zartestem Sternenstaub. Es ist gewebt aus funkelnden Lichtpartikelchen der bedingungslosen, reinen Liebe, der leuchtenden Wahrheit, die um dein wahres Wesen weiß.

Dieses Lichtgespinnst senkt sich nun sacht hernieder und legt sich als leuchtender Umhang um dein von Schmerz erfülltes Wesen, das dir gegenübersteht.

In dem heilenden Moment, in dem es davon berührt wird, siehst du oder weißt du, wie seine Züge sich entspannen – wie deine Züge sich entspannen... wie du von einer tiefen Ruhe, die durch alle Zellen fließt, erfüllt wirst... und wie ein Strahlen sich ausbreitet, das sich wie eine große Lichtwelle ausdehnt und auch dich als Betrachter berührt.

Es ist wie eine große Einladung der Liebe, die du nun erkennst. SIE, die Liebe selbst, öffnet IHRE Arme, lächelt dir verständnisvoll zu, und du kannst dich nun in diese Arme hineinfallen lassen.

Zögere nicht, liebes Wesen, folge der Einladung deines strahlenden liebenden Selbst und lass dich von IHM halten.

In dieser liebenden, Kraft spendenden Umarmung hat alles seinen Platz: deine Gefühle der Angst, der Schuld, des Schmerzes, der Scham, der Eifersucht... alle sind hier willkommen und können sich am Herzen deines liebenden Selbst beruhigen. Diese wunderbare Umarmung durch die göttliche Liebe lässt dich zur Ruhe finden. Vielleicht kannst du bereits spüren, wie sich manches auflöst oder zumindest schwächer wird in seiner Qual.

Ruhe aus, liebes Wesen,
Ruhe aus bei deinem heiligen Selbst. Dort BIN auch ICH.
Hier ist die immer während Quelle deiner Liebe,
deiner Heilkraft, deiner Geborgenheit.
Verweile hier, solange du es möchtest, und sei sicher:
Wenn du die Augen wieder öffnest,
ist ein Teil von dir geheilt.

Diese Zusage gebe ICH dir, dein Freund, Tröster und Heiler *Christus*

ICH BIN lächelnd und liebend an deiner Seite!

Du mein geliebtes Menschenwesen!

ICH möchte dir helfen, meine liebende Gegenwart mehr und mehr fühlen zu können, denn auf diese Weise wird wachsendes Vertrauen, nährender Frieden und liebende Kraft dein Gemüt erhellen.
Deshalb schenke ich dir nun für 60 Tage Worte aus meinem Herzen. So bist du für die kommende Zeit täglich mit Seelennahrung ausgerüstet. Dabei ist auch ein Mantra für den jeweiligen Tag. Dies ist ein kraftvoller Satz, den du immer wieder einmal denken oder sprechen kannst. Jedes Mantra beginnt mit den machtvollen Kraft-Worten: ICH BIN .
ICH empfehle dir, morgens gleich nach dem Aufwachen, diese Worte zu lesen und das Mantra in deinem Geiste so oft zu sprechen, wie es dir angenehm ist. Denn zu dieser Zeit bist du noch sehr mit deinem inneren Selbst, also auch mit MIR verbunden und dadurch besonders empfänglich für die Energie, die in den Kraft-Worten enthalten ist.

Wann immer dann am Tag irgendeine Herausforderung an dich herantritt, wann immer du vor einer Entscheidung stehst, oder auch wenn dir bewusst wird, dass dein Verstand um ein bestimmtes Thema in sorgenvollen oder ängstlichen Gedanken kreist, nutze mein Mantra und beziehe es auf diese Situation, um dich wieder mit meiner Energie zu verbinden. Du wirst dabei die wunderbare Kraft deiner ICH BIN – Gegenwart mehr und mehr spüren und für dich in Anspruch nehmen können.

Diese Gedanken für den Tag stellen weniger Informationen für deinen suchenden, nach Wissen lechzenden Verstand dar, sie sind in erster Linie nährende Schwingungen für dein Gefühl – „Seelenmedizin".

ICH will dich mit meinen Worten heilend berühren,
dein oft so wundes Gemüt streicheln, trösten, liebkosen,
deine Ängste beruhigen, deine Kämpfe befrieden
und deinen Sorge Wärme, Vertrauen und Zuversicht schenken.

Lies diese Worte, die ICH dir schenke, bitte nicht mit deinem Verstand, sondern mit deinem Herzen.

Gehe mit MIR durch deinen Tag und wisse MICH stets in deiner unmittelbaren Nähe.

Denn ICH BIN tief in dir und weit um dich herum...

Dein dich liebender Freund *Christus*

1. Gehe schwungvoll im Wissen, dass du geliebt bist!

Geliebte Freundin, geliebter Freund!

ICH reiche dir den NEUEN Kelch mit dem heilendem Licht-Wasser der Liebe.
Schließe deine Augen, so kannst du ihn sehen.
Gieße den alten Kelch mit den (Selbst-)Vorwürfen
und den Gedanken, die dich klein machen, aus.
Gib das alles zur Umwandlung in das Meer der Liebe.
Nun trinke aus dem NEUEN Kelch, den ICH dir reiche,
dem Kelch der liebenden Annahme.

Siehe, ICH kenne dich in deiner ganzen Tiefe!
Nein, das braucht dich weder zu erschrecken noch zu verunsichern.
Lass es mich ruhig sehen, zeige MIR alles!
Denn ICH schaue mit absolut liebenden Augen auf dich.
ICH verstehe dich in allen Aspekten deines Seins,
also auch in deiner Angst, deiner Gier, deiner Wut...
ICH weiß doch und verstehe aus der Tiefe meines Herzens,
dass all dies nur ein verzweifelter Schrei nach Liebe ist.

Die von dir so ersehnte Liebe ohne Bedingungen,
die dir kein Mensch so allumfassend geben kann,
will ICH dich durch meine Energie und meine Worte fühlen lassen.
Damit fülle ICH dir den NEUEN Kelch,
auf dass dein Durst nach reiner Liebe gestillt werde!
Glaube MIR: ICH liebe alles von dir – wirklich alles!
Für das, was du als Versäumnisse oder Fehler betrachtest,
habe ICH unendliches Mitgefühl und tiefes Verstehen.
ICH weiß: Du hast immer dein Bestes getan!

So gehe leichten Fußes, schwungvoll und froh weiter
mit MIR, der dich kennt, versteht, stärkt und liebt.
Lächelnd grüßt dich dein Freund im Licht, *Christus*

♥   **Mein Mantra für dich**   ♥

ICH BIN geliebt – mit allem!

2. Fürchte dich nicht, du bist niemals allein!

ICH grüße dich in Liebe!

Jetzt, hier, in dieser Zeit, an diesem Ort bist du gerade Mensch.
Es liegt MIR am Herzen, dich daran zu erinnern,
dass du viel mehr bist als dein Körper!
Du bist ein großes unsterbliches Wesen.

Jetzt, hier als Mensch, hast du es vergessen -
erinnerst dich kaum an dein ganzes wahres Sein.
Du wolltest durch den Schleier des Vergessens gehen,
um das Abenteuer „Leben auf Erden" erfahren zu können.
Als Mensch in deiner Begrenzung fühlst du dich oft allein.
Du siehst nicht, wer noch bei dir ist.

Doch wisse: Du hast Begleiter aus reinem Licht.
Du bist niemals allein, was auch geschieht.
ICH BIN dein unsichtbarer Partner,und ICH stehe dir bei -
jederzeit an jedem Ort… Auch JETZT!
In diesem Moment umfange ICH dich mit meiner tiefen bedingungslosen Liebe.

In diesem Augenblick flüstere ICH dir zu:
Du kannst dich immer auf MICH verlassen. ICH BIN immer an deiner Seite.
Gerade sende ICH dir die wunderbaren Strahlen
meiner lichten Kraft, die dich Frieden fühlen lässt.
Atme, geliebtes Wesen, atme sie tief in dich ein.
Kraftvoll und zärtlich zugleich sage ICH dir:
Fürchte dich nicht! Alles ist gut.
Du bist behütet - jetzt und für immer!

Damit grüßt dich voll Freude an deinem Sein
Dein innerer Partner   *Christus*

♥   <u>Mein Mantra für dich</u>   ♥

ICH BIN unendlich groß.

3. Diene in Liebe und ohne jeden Druck!

Geliebtes Menschenwesen,

sei wach und bereit – voll Hingabe an dein Herz.
Sei wie ein hingebungsvoller Diener,
der sich der liebenden Gegenwart seines Herrn und Meisters
in jedem Augenblick bewusst ist.

Fühle dich in meiner gütigen Präsenz liebevoll geführt,
geachtet, gekannt und beschützt.
Verrichte deinen Dienst so, dass er dir leicht fällt.
Denn ICH will, dass es dir gut geht!

Mache dich unabhängig von Ergebnissen.
Und ICH bitte dich: Lasse jeden Druck los!
Richte deine Aufmerksamkeit auf die Freude an deinem Tun.
Denn ICH will, dass du Freude fühlst in meinem Dienst!

ICH BIN dein Meister, dein Lehrer, dein Freund,
der Verständnis, Weisheit und Macht in sich vereint.
Bei MIR ist der Dienst leicht und erfüllt dich mit Liebe.

Diene MIR auch heute voll Hingabe und Vertrauen,
und nur in dem Maße, wie es dir frohen Herzens von der Hand geht,
so werden Freude und Erfüllung dein Herz beleben.

Sei in allem, was du tust, absolut sicher:
ICH schaue gütig auf dich,

dein liebender Meister *Christus*

♥   <u>Mein Mantra für dich</u>   ♥

ICH BIN Diener/ Dienerin des EINEN, der mich liebt.

4. Sei ganz ruhig: Dein Weg zeigt sich dir.

Du mein geliebter Mensch!

Folge deinem Stern.
Der Stern deiner Seele ist immer da.
Du brauchst ihn nirgendwo zu suchen, denn er ist immer bei dir
und zeigt dir deinen ureigenen Weg.

Dein Stern leuchtet durch das Gefühl tief in dir,
das dich mit aller Kraft dazu bewegt, dies oder jenes zu tun oder zu lassen.
Er strahlt tief in deinem Herzen und verbindet dich mit deiner Seele,
deiner göttlichen Essenz.

Du kannst ihn dir auch als Licht über dir vorstellen,
das dich mit seiner heilenden Kraft bestrahlt,
das dich als leuchtendes Bewusstseinsfeld umgibt,
schützt und in verschiedene Richtungen bewegt, wenn du dich ihm öffnest.

ICH BIN in diesem Licht und weise dir den Weg,
den dein göttliches Selbst für dich und mit dir
im zeitlosen Raum des ewigen Jetzt entworfen hat.
Du kannst dich daran nicht erinnern,
doch dein Stern hält dieses Wissen für dich bereit.

Und so sage ICH dir heute und für alle Tage:
Folge einfach deinem Stern jeden Tag ein Stückchen weiter -
mühelos, sorgenfrei, vertrauensvoll und heiter.
Und sei gewiss: Alles zeigt sich dir zu seiner Zeit.
Gehe in meinem Segen.
ICH führe dich in meiner Liebe,

dein Weg-weisender Licht-Freund *Christus*

♥ <u>Mein Mantra für dich</u> ♥

ICH BIN sicher geführt.

5. Gehe mit MIR weiter, und sei es nur ein kleiner Schritt!

Sei freundlich gegrüßt, geliebtes Wesen!

Gehe furchtlos in das, was dir am Herzen liegt.
Verstehe meine Worte richtig:
Es ist in Ordnung, wenn du Angst hast -
sie ist eine menschliche Grunderfahrung.
Lass sie jedoch nicht zu deinem Führer werden.
Lass dich von deiner Furcht nicht von dem abbringen,
was dir am Herzen liegt.

Lass MICH dein Führer sein.
ICH kenne die Wünsche deines Herzens und unterstütze dich darin,
sie wahr werden zu lassen in der Zeit, die dazu nötig ist.
Manches braucht auch Zeit zum Reifen.

Doch es gibt keine Herzens-Sehnsucht,
die nicht irgendwann der Erfüllung zustrebt.
Auch mit Angst und Mutlosigkeit – gib nicht auf!
Gemeinsam schaffen wir das!

Vertraue MIR deine Ängste und Zweifel an.
ICH umarme sie immer wieder aufs Neue mit meiner liebenden Stärke.
Sieh, wie Angst und Zweifel sich bei MIR ein kuscheln,
wie sie sich halten lassen in meiner wärmenden, heilenden Umarmung.
ICH streichle ganz behutsam
den bebenden Körper deiner Angst, die zitternden Zweifel,
bis sie sich beruhigen.

So kannst du mit neuer Kraft mutig vorwärts gehen,
denn für deine Ängste und Zweifel ist liebevoll gesorgt.
Übergib sie immer wieder MIR.
Liebevoll ermutigt dich immer wieder neu
dein Tröster und Heiler *Christus*

♥   <u>Mein Mantra für dich</u>   ♥

ICH BIN bereit, weiter zu gehen.

6. Sei bereit zu fühlen, was du fühlst – ICH BIN auch dort!

Sei von Herzen gegrüßt, geliebter Mensch!

Das Leben verlangt oft viel von dir,
doch ICH versichere dir: Es ist dein Freund!
Nimm das Leben mit all seinen Höhen und Tiefenund tanze mit ihm.
Nimm die Leere in ihrer ganzen Unbegreiflichkeit und sei in ihr.
Die Leere findest du im Zentrum eines jeden Gefühls.

Lasse dein Gefühl zu, so zart oder heftig es auch sein mag,
es wird dich nicht verschlingen...
Und wenn es dir so scheinen mag, dann lasse dich verschlingen!
Lass dich ganz tief hinein sinken in deine Gefühle -
Freude, Sehnsucht, Kummer, Wut, Angst...was es auch sei.

ICH gebe dir den Mut dazu und sage dir:
fürchte dich nicht vor deinem Gefühl. Fühle es ganz.
Und dann, im Zentrum deines Fühlens
findest du die Leere, das ruhige Nichts.

Lass die Gefühle ihre Arbeit tun und sei bereit,
dich von ihnen durch die brausenden Wogen
hindurchführen zu lassen bis ins Innerste.

Dort ist das Zentrum der Gnade, der stille weite Raum des Nichts,
in dem du dich ausruhen kannst.
In dieser Ruhe ist kein Wollen mehr und kein Nicht-Wollen,
kein Hadern und kein Streben.
In dieser Ruhe findest du DAS, wonach du schon so lange dürstest –
tiefen unbegreiflichen Frieden.
Und du spürst: du bist all-ein mit MIR.
Mit dir in tiefer Liebe verbunden grüßt dich
dein mitfühlender Freund, der *Christus* in dir

♥   Mein Mantra für dich   ♥

ICH BIN bereit, alles zu fühlen.

7. Zeige dir, dass du dich liebst!

Geliebter Freund, geliebte Freundin!

Heute möchte ICH, dass du dir immer wieder die Frage stellst:
Wie kann ich mich jetzt, in diesem Augenblick, lieben?
Welche Entscheidung ist für mich JETZT, in diesem Moment,
eine Entscheidung im Sinne der Selbstliebe?
Denn eine gesunde Selbstliebe ist eine Voraussetzung für die Nächstenliebe.
Liebe deinen Nächsten so, wie du dich selbst liebst.
Also lerne zunächst dich zu lieben – mit aller Kraft!
Darin sei dir meiner Unterstützung sicher.

Ein Tipp:
Oft könnte die Antwort „Entspanne!" heißen.
Oder „Mache eine Pause, und atme Liebe ein."
Oder „Sei sanft mit dir, mute dir nicht zu viel zu."
Oder „Mache JETZT das, was dir Freude macht! "
Sicher fallen dir noch mehrere Möglichkeiten ein,
dir Wohltuendes zu sagen und mit dir selbst so umzugehen,
wie du deinen besten Freund behandeln würdest.

Frage dich immer wieder:
Was würde ich einem geliebten Menschen jetzt empfehlen?
Oder: Was wären total hilfreiche, ermutigende Worte,
die mir ein liebendes Wesen jetzt sagen könnte?
Und sei gewiss: Was dir dann einfällt, kommt von MIR!

Denke immer daran:
An deiner Seite geht jemand,
der es unendlich gut mit dir meint,
und der dich darin unterstützt,
zu dir selbst gütig zu sein.

An deiner Seite gehe ICH, dein bester Freund *Christus*

♥   <u>Mein Mantra für dich</u>   ♥

ICH BIN die größte Liebe meines Lebens – und das ist gut!

8. Sei im heilenden Selbstgespräch mit MIR verbunden

Du mein innig geliebtes Wesen!

Manchmal sehnst du dich nach Geborgenheit,
sehnst dich danach so sehr, dass es fast weh tut.
Du wünschst dir, dich irgendwo einkuscheln zu können,
gehalten zu werden in starken Armen,
liebevollen, ermutigenden Zuspruch zu bekommen...
Und zuweilen ist diese Sehnsucht so schmerzhaft,
dass du sie tief innen vor dir selbst verbirgst,
weil es so weh tut, das zu fühlen.

Dazu möchte ICH dir heute sagen: Liebes, du bist geborgen!
Es gibt jemanden, der liebevoll mit dir spricht.
Es gibt jemanden, der dich in seinen starken Armen hält,
und dir Kraft, Trost und Sicherheit vermittelt.

Ja, du ahnst es schon:
ICH BIN die Quelle deiner Geborgenheit, die Erfüllung deiner Sehnsucht.
ICH BIN die liebevolle Kraft tief in dir
und weit um dich herum, nach der du dich so sehr sehnst.
Das Gefühl, das dir Menschen vermitteln,
ist die Energie dessen, was du immer haben kannst,
wenn du dich mit MIR verbindest.
ICH trage dich in meinem liebenden Herzen
und habe dort eine Wohnung für dich.
Dort wohnen wir zusammen im Geiste,
so wie wir auch hier zusammen leben, wenn du es so willst.
Du kannst auch jederzeit mit MIR reden, dort und hier.
Sage Dir selbst einfach alles, was du glaubst, das ICH dir sagen würde.
Im heilenden Selbstgespräch findest du MICH,
der dir Geborgenheit, Kraft, Führung und Liebe schenkt.

ICH grüße dich als dein Partner im Licht   *Christus*

♥   <u>Mein Mantra für dich</u>   ♥

ICH BIN geborgen in meinem inneren Raum.

9. Bitte um das, was du brauchst!

Du mein geliebtes Menschenkind!

Ja, du darfst dich auch als mein Kind betrachten,
als mein innig geliebtes Kind,
das im Schutze seines Vaters
alles erfährt und bekommt, was es braucht.
ICH BIN auch gern dein väterlicher Freund.
Das Gewahr-Sein meiner Gegenwart lässt alles, was du brauchst,
was du wirklich(!) brauchst,
von allein durch die Kraft des ALL-EINEN geschehen.

So findest du durch das Fühlen meiner Präsenz in dir:
Frieden in deinem Geist,
Klarheit für deinen Weg,
Hingabe und Vertrauen in deinem Gemüt
und die Bereitschaft,
dich heute und jeden Tag wie ein Kind an die Hand nehmen zu lassen,
um dich wohl und sicher zu fühlen in meiner Führung.
Als ein Kind wirst du das Himmelreich leicht erblicken.

Atme sanft und tief - ICH schenke dir heilende Liebe.
Mach es dir einfach! Du kannst immer bitten:
Vater, gib mir, was ich brauche.

Und ICH verspreche dir:
Du wirst bekommen, was du brauchst,
auch und gerade ohne konkrete Zielsetzung und Beschreibung,
was es genau ist.
Denn was du benötigst, weiß ICH besser als du.
Lächelnd frage ich dich: Traust du MIR das zu?

Stets wissend, was du wirklich brauchst, grüßt dich
dein väterlicher Freund *Christus*

♥   Mein Mantra für dich   ♥

ICH BIN ein innig geliebtes Kind des All-Einen.

10. Lass dich fallen in dein inneres Licht!

Du mein wunderbares Menschenwesen!

ICH BIN
das Herz der Welt,
der Weg des Friedens,
die Flamme der Hingabe,
die Wärme des Mitgefühls,
die Hand, die Vertrauen schenkt,
das Licht der allumfassenden Gnade,
der gütige Freund an deiner Seite.
Denn ICH kenne und liebe alles von dir .
Sei auch heute bereit,
dich in meine Liebe zu versenken.
Mehr ist nicht nötig!
Tief in dir BIN ICH.
Lass dich fallen,
hinein in dein inneres Licht.
Dort erwarte ICH dich und sage dir:
Nimm mein Strahlen mit in deinen Tag,
und du kannst mit meiner Liebe und Freude
die Menschen und dich selbst lieben und segnen.

Erlaube dir,
dem ganzen Leben
wie einem guten Freund begegnen.

Mit tiefem Frieden und grundloser Freude
umfängt und durchfließt dich

Dein liebendes Licht **Christus**

♥   <u>Mein Mantra für dich</u>   ♥

ICH BIN getragen im Herz von Christus.

11. Sei einfach nur bereit für MICH – mehr ist nicht nötig!

Guten Morgen , liebes Wesen!

Freust du dich auf den erwachenden Tag
oder ist dein Gefühl eher etwas niedergeschlagen?+
Mit MIR kannst du dich beschützt und froh fühlen - egal was anliegt!
Mit MIR erhältst du Kraft für all deine Schritte,
und es geht alles viel leichter, als du jetzt denkst.
Spürst du MICH in deinem Herzen?
ICH richte mein ermutigendes, hilfreiches Wort an dich.
Ja – an DICH !
Hörst du MICH?
Sorge dich nicht,
selbst wenn du gerade in diesem Moment nichts vernimmst -
Du kannst MICH nicht verpassen!

ICH verspreche dir: ICH klopfe immer wieder bei dir an,
auch wenn du MICH vergessen solltest.
ICH finde den Weg zu dir!
ICH suche dich, wenn du dich verloren fühlst.
Das einzige, was ich dazu brauche, ist dein Einverständnis,
dich von MIR finden zu lassen.
Deine Bereitschaft zum Kontakt mit MIR öffnet MIR die Tür in dein Leben –
immer wieder aufs Neue.

Sei gewiss:
Du wirst MICH immer wieder finden,
denn meine Kraft und Liebe ist unerschöpflich,
und mein Erfindungsreichtum, dich zu berühren, ebenso.
So gehe getrost deinen Weg, geborgen und sicher,
denn ICH BIN bei dir - heute und an allen Tagen.

Dein Freund, Tröster und Begleiter *Christus*

♥   <u>Mein Mantra für dich</u>   ♥

ICH BIN geborgen in Christus.

12. Sei dir treu – gehorche der Stimme deines Herzens!

ICH grüße dich, lieber Mensch!

ICH möchte, dass du dich liebst,
dass du dich an die erste Stelle deiner Wahl setzt,
und dass du auch heute dein Wohl im Auge behältst.
Lausche tief in dich hinein – wieder und wieder!
Dort BIN ICH,
und ICH sage dir, was dir dient.

Wisse dabei:
Denn das, was dir dient, dient gleichzeitig allen,
mit denen du verbunden bist.

Achte das Ja und das Nein in deinem Herzen
und folge ihm,
auch dann, wenn andere mit dem, was dir dient,
nicht immer einverstanden sind.

Alle Herzensbedürfnisse passen zueinander,
denn in jedem Herzen wirke ICH.
So kann ein Nein von dir für dein Gegenüber
eine außerordentlich wichtige Erfahrung sein
für dessen persönliches Wachstum.

Erlaube dir mutig, dein Ja und dein Nein
ehrlich in deinem Inneren zu finden
und dem zu folgen.
Die größte Treue gebührt dir selbst – MIR in dir.

Übergib alles MIR, dem

Christus in dir

♥ <u>Mein Mantra für dich</u> ♥

ICH BIN mir treu.

13. Ziehe deine Sicherheit aus dem Unvergänglichen

Meine geliebte Schwester, mein geliebter Bruder!

ICH BIN das, woran du dich festhalten kannst.
ICH BIN der, auf den du dich immer verlassen kannst.
ICH bin die Kraft, die dich immer stärkt.

Du weißt:
Es gibt keine Sicherheit in der äußeren Welt -
auch wenn es manchmal so scheint.

Alles, was du hast, kann verschwinden -
auch die liebsten Menschen,
die dir Gefühle von Halt, Geborgenheit und Liebe schenken.
Alles Irdische unterliegt dem Prinzip der Veränderung.
Nichts ist so sicher wie der Wandel.
Darum richte deine Aufmerksamkeit
nicht nur auf das Irdische,
verweile nicht nur bei den Menschen und Dingen der Welt.

Halte dich an ihnen nicht fest, und lass nicht zu,
dass sie sich dauerhaft an dir festhalten.
Eure immer während Sicherheit findet Ihr nur
in der Tiefe Eures Seins – bei MIR.

Im Licht, das du in deinem wahren Wesen bist,
findest du die unvergängliche reine Liebe.
Dein wahres Wesen will gesehen, gehört und gefühlt werden
von dir, verehrter Mensch.

Schau, wie groß du bist – viel größer als dein Körper!
Du bist ein sich weit ausdehnendes Wesen aus Licht.
Verankere dich in deinem wahren Sein.
Dort BIN auch ICH, die **Christus** - Liebe tief in dir

♥   <u>Mein Mantra für dich</u>   ♥

ICH BIN unermesslich groß.

14. Du bist stark, wenn du fühlst. Trau dich!

Meine geliebte Freundin, mein geliebter Freund!

Verschließe dich nicht vor deiner Angst,
vor deiner Trauer, vor deinem Schmerz.
Denn wenn du dich davor verbirgst,
versteckt sich auch die Freude und Erfüllung.
Beides gehört gleichermaßen zum Leben.
Du kannst nur mehr oder weniger intensiv leben.
Unterdrückst du ein Gefühl, so schlafen alle.
ICH versichere dir:

Im Annehmen und Zulassen deiner Angst und Pein
gehst du durch das goldene Tor,
das dich der grenzenlosen Liebe zu dir selbst öffnet.
Wage es, geliebtes Wesen, lass zu, was du fühlst.

ICH lege meine Hand auf dein zitterndes Herz,
auf dass es sich in wärmender Liebe gehalten fühle.
ICH BIN bei dir, wenn du tiefes Mitgefühl entwickelst
für dein Leiden, für dein Scheitern, für deine Angst,
für deine Schuldgefühle, für deine Kraftlosigkeit...
Und ICH feiere mit dir deine Freude, deine Erfüllung.

ICH trage dein mit Sehnsucht erfülltes Gemüt
in meiner Barmherzigkeit und spende dir Halt und Trost.
ICH gebe dir heilende Worte und Gesten
für dein wundes und doch so mutiges Herz.
Nimm Zuflucht bei MIR,und lass MICH dir helfen,
dir selbst mit Zärtlichkeit und Mitgefühl zu begegnen.
So wirst du dir selbst zum Heiler.

Mit der Kraft heilsamer Liebe grüßt dich
Dein Freund und Heiland **Christus**

♥   <u>**Mein Mantra für dich**</u>   ♥

ICH BIN stark, ICH BIN bei mir.

15. Wisse bei jedem Schritt, dass ICH dich total annehme!

Sei herzlich gegrüßt an diesem Morgen!

Wo auch immer du dich aufhältst,
geliebter Mensch, Kind des ALL-EINEN,
DER Licht ist und leuchtet in dir
und weit und um dich herum,
ICH segne dich mit der Kraft der Unschuld.

Sei ohne Furcht,
du bist bedingungslos geliebt!
Nichts könntest du tun, das meine Missbilligung findet.
Nichts, rein gar nichts!
Auch wenn du mit manchen deiner Verhaltensweisen
nicht einverstanden sein kannst,
sei dir absolut sicher,
dass ICH rückhaltlos auf deiner Seite stehe.

Hörst du?
Verstehst du?
Kannst du es glauben?

Nichts kann dich von meiner Liebe trennen.
Gar nichts – nicht einmal du selbst.
Alles ist so, wie es sein soll. Alles!

Du bist so, wie du gebraucht wirst –
und du warst es immer!
So gehe schwungvoll durch deinen Tag -
auch heute wieder - mit leichtem Gepäck!
Sei sicher: Du bist geborgen in meinem liebenden Licht.

Es liebt dich dich dein bester Freund *Christus*

 ♥ <u>**Mein Mantra für dich**</u> ♥

ICH BIN so, wie es gebraucht wird im göttlichen Plan.

16. Übergib MIR alles, was dir zu schwer ist, und vertraue!

Ein frohes Hallo rufe ICH dir zu, liebes Wesen!

Du brauchst dich niemals zu sorgen,
ICH öffne dir alle Türen,
die für dich wichtig sind,
und gehe mit dir hindurch.

Die Frage ist nur,
lässt du es MICH für dich tun?

Übergib MIR immer wieder das,
was du allein nicht zu lösen weißt.

Auch heute erwarte ich dich an vielen Türen!
Meine Arme sind immer geöffnet für dich,
denn ICH liebe dich unendlich,
ohne irgendeine Voraussetzung, die du erfüllen müsstest.

Du brauchst nur an MICH zu denken,
und ICH BIN da, da für dich.
Immer, überall zu jeder Zeit.

Du bist meine geliebte Schwester, mein geliebter Bruder.
Fühle dich auch heute liebevoll eingehüllt in mein Licht
und gehe als geliebtes Wesen durch deinen Tag!

Von Herzen segnet dich
dein dich innig liebender Bruder *Christus*

♥   <u>Mein Mantra für dich</u>   ♥

ICH BIN sicher, dass ich unterstützt werde.

17. Bitte um Heilung – und erwarte sie

Mein geliebtes Wesen!

Wenn du Schmerz, Angst und Leid fühlst,
wende dich getrost an MICH, deinen Heiland.

Du kannst mich heute und an jedem Tag bitten:
„Christus, gib mir, was ich wirklich brauche,
lass mich das Vertrauen fühlen,
dass Heilung geschieht."

Und du wirst auch heute wieder meine Stimme in dir hören,
die dir liebevoll zuflüstert:

Mein geliebtes Wesen,
wie könnte ICH dir Heilung versagen,
wenn du MICH darum bittest?

ICH kenne deinen alten Schmerz
und halte jetzt dein Herz
in meinen liebenden, heilenden Händen.
Von dort fließt Heilkraft überall dort hin,
wo sie gebraucht wird.
Atme, geliebter Mensch, atme!

ICH BIN wirklich da,
dein Heiland, dein *Christus*

♥   <u>Mein Mantra für dich</u>   ♥

ICH BIN gehalten in heilenden Händen.

18. Lass MICH durch dich leben.

ICH grüße dich in tiefer Liebe,
du meine Freundin, mein Freund!

Wo auch immer du hingehst,
was auch immer du tust,
wem auch immer du begegnest –
du triffst MICH dort.

ICH erwarte dich mit offenen Armen,
in tiefer Liebe, und weise dir den Weg,
der dich in die Freude führt,
der dich in die Liebe führt,
der dich in den Frieden führt,
in einen Frieden, der tiefer ist als jede Vernunft.

Suche MICH auch heute
in den Augen, die dich ansehen,
und lass MICH durch deine Augen schauen.

Denn durch dich kann ICH leben,
durch dich kann ICH wirken,
durch dich kann ICH lieben,
durch dich BIN ICH in der Welt.

ICH lebe durch dich,
ICH, dein wahres Sein, *Christus*

♥   <u>Mein Mantra für dich</u>   ♥

ICH BIN bereit, IHN durch mich leben zu lassen.

19. Tue alles im Bewusstsein deiner wahren Stärke

Hallo, geliebtes Wesen!!

Mit meiner Kraft, die Kraft der Liebe,
bist du stark wie ein Baum.

Denk an mich,
und ICH lasse dir eine Stärke zufließen,
die dich zu dem macht, was du bist:
ein Licht mitten in der Welt,
eine menschliche Kraftquelle in deinem Umkreis,
ein einzigartiges menschliches Juwel,
das seinen wahren Wert noch nicht ganz kennt.

Verwundert dich das?
Verwirrt es dich?
Du wunderbares Menschenwesen -
du bist dir deines wahren Wertes noch nicht voll bewusst.

Für Momente, in denen du dich unsicher fühlst,
sage ICH dir:
Alles, was ich getan habe,
kannst auch du mit Gott in dir!
Tue auch heute das, was getan werden will,
indem du meine Kraft für dich in Anspruch nimmst.

Mit der Kraft des Lichtes segnet dich
dein Meister und Freund *Christus*

♥   <u>Mein Mantra für dich</u>   ♥

ICH BIN einzigartig, strahlend und wertvoll.

20. Beende jede Art von Kampf – auch in deinen Gedanken!

Du mein geliebtes Wesen!

Manchmal geht es dir gut, manchmal scheint alles so schwer.
Gibt es Zeiten, in denen du dich schmerzlich berührt fühlst
von der Kritik oder dem Unverständnis anderer Menschen?
Für diese Stunden sage ICH dir:

Nimm den Schmerz und ertrinke in ihm!
Nimm das Leid und versinke in ihm!
Nimm die Angst, lass dich von ihr ergreifen!
Nimm deine Not und lass dich von ihr schleifen!

Zittere und bebe
und in all dem lebe -
lebe als Mensch und wisse durch die Hilfe von Gott:
Deine Not bringt dir einen ganz gewissen Tod.
Dein Kämpfen stirbt und Frieden wird.
durch dein bedingungsloses Einverstanden-sein
wirst du erlöst von der menschlichen Pein.

Dann endlich siehst du klar:
Selbstzweifel und Vorwürfe sind nicht wahr!
Das alles ist nur Schein.
Du bist geliebt und liebend im ewigen Sein.
Anders war es nie und wird immer so sein!

Das verspreche ICH dir als

dein ewiger treuer Freund, *Christus*

♥ **Mein Mantra für dich** ♥

ICH BIN bedingungslos einverstanden.

21. ICH lebe, wirke, handle durch dich

Mein geliebter Freund, meine geliebte Freundin!

Suchst du MICH?
ICH versichere dir:
Der Weg zu MIR ist immer da,
er führt durch dein Herz,
denn dein Herz ist mein Herz.

Wenn du dich in diesem Raum der Liebe aufhältst,
sind deine Gedanken meine Gedanken,
deine Worte meine Worte,
deine Hände meine Hände,
denn du und ICH sind im Herzen vereint.

Betrachte dich und deine Gefühle
mit zärtlicher, mitfühlender Liebe,
mit meiner Liebe in dir!

Dann schau in dieser Haltung auch deine Mitmenschen an.
Auf diese Weise erlaubst du MIR,
durch deine Augen in die Welt zu sehen.

So lebe auch heute im Bewusstsein,
dass ICH durch dich lebe, wirke und handle.
Denke, so oft du es willst:
„Nicht ich, der Meister durch mich!"

ICH zeige MICH dir, dein Herzens-Liebhaber   *Christus*

♥   <u>Mein Mantra für dich</u>   ♥

ICH BIN eins mit Christus.

22. Sei bereit für Veränderung!

Mein innig geliebtes Wesen!

Es ist an der Zeit weiter zu gehen.
„Noch weiter?" fragst du mit einer Mischung aus Neugier und Angst.
„Ja, noch weiter." antworte ICH dir ruhig.

ICH weiß, du fürchtest dich vor Veränderung.
ICH verstehe dich!
Diese Furcht ist menschlich.
Jeder Mensch hat Angst vor Neuem, vor der Ungewissheit.
Ihr sehnt Euch nach Sicherheit.
Dabei ist weltliche Sicherheit nur eine Scheinsicherheit,
denn alles Irdische unterliegt dem Zahn der Zeit.

Manchmal geschieht Veränderung in kleinen,
fast unmerklichen Schritten – unauffällig und sanft.
Und manchmal steht dir ein Sprung ins Ungewisse bevor.
Doch wisse: Jeder Veränderung geht ein Gefühl voran,
das dich darauf vorbereitet.

Spüre deshalb immer wieder einmal in dich hinein:
Ist da ein Hauch von Unzufriedenheit mit deiner jetzigen Situation?
Fühlst du eine diffuse Sehnsucht nach Veränderung,
nach Weite, Unbegrenztheit, Lebendigkeit...?

Heiße diese Gefühle willkommen -
ohne Abwehr und ohne gleich aktiv zu werden.
Sei sicher: das, was kommen will, kommt auf dich zu,
wenn die Zeit reif ist - wenn du dafür bereit bist.

Vertraue! ICH reiche dir beide Hände.
Dein Freund und Helfer *Christus*

♥ <u>**Mein Mantra für dich**</u> ♥

ICH BIN bereit für Neues.

73

23. Für dich gesorgt! Nimm alles aus meiner liebenden Hand

Meine geliebte Freundin, mein geliebter Freund!

Manchmal wandern deine Gedanken in die Zukunft...
ICH sage dir: Mache dir keine Sorgen über die Frage, was sein wird.
Du bist behütet!
Für dich ist gesorgt!

Das, was ansteht, wird sich für dich so gestalten,
dass du es leicht annehmen kannst.

Übergib alles MIR -
deine Angst, deine Sehnsucht,
dein Bedürfnis, am Alten festzuhalten,
deine Sorgen, deine Neugier, deine Überforderungsgefühle...
All das und noch viel mehr hat Platz in meinem Herzen.
In meinem wärmenden Licht können sich
all die Stimmen deiner Persönlichkeit beruhigen.
ICH sage dir immer wieder in Geduld und Liebe:
Es ist für alles gesorgt.
Du könntest total vertrauen.
Aber auch wenn du noch nicht vertrauen kannst, ist das in Ordnung.

ICH reiche dir meine offenen Hände,
in die du alle Sorgen hinein legen kannst.
Gib sie MIR und sei einfach bereit zuzulassen,
was auf dich zu kommen will.
Es kommt in Liebe.
Stimme nun ein in die heilenden Worte:
„Gesegnet sei das Alte und das Neue,
ich bin bereit, es anzunehmen – aus deiner liebenden Hand, mein Freund!"

In Liebe und in tiefem Mitgefühl grüßt dich
dein Wegbereiter *Christus*

♥ *Mein Mantra für dich* ♥

ICH BIN behütet.

74

24. Du kannst nicht fehlgehen. Überall sind Wegweiser!

Geliebter Mensch!

Manchmal fällt es dir schwer,
dich zu entscheiden.
Du überlegst hin und her...

Doch ICH sage dir:
Du brauchst keine Angst zu haben, keine Sorgen.
Du kannst nicht fehl gehen.

Wo du auch hingehst,
welche Entscheidung du auch triffst,
du findest meinen Wegweiser.

Du wirst an den für dich bestimmten Geschenken
nicht vorbeigehen können,
denn dein göttliches Selbst legt sie dir genau dahin,
wo du dich hin wendest.

Gehe also frohen Mutes auch in diesen Tag,
und genieße ihn.

Genieße dich und dein Sein,
dein Handeln und dein Ruhen,
und lebe im Bewusstsein,
dass du ein Kind des Lichts bist
und dass das Licht immer und überall für dich sorgt.

Es strahlt aus dir   *dein Christus - Licht*

♥   Mein Mantra für dich   ♥

ICH BIN geführt

.25. ICH trage dich in meiner Liebe

Komm her, du mein geliebtes Kind!

Gib MIR all Deine Last,
und vergib sie damit dir oder den anderen.
Du konntest eben nicht anders.
Du bist Mensch
in all Deiner Angst und Unzulänglichkeit -
ein liebenswerter, einmaliger, wunderbarer Mensch.
Und Du wirst und wurdest genauso gebraucht, wie Du bist.

Sollte es dir jetzt gerade schwer ums Herz sein, sage ICH dir:
ICH trage Dich in meiner Liebe
durch all das Schwere hindurch -
und bald kannst Du wieder lächeln.
Begehre niemals, anders zu sein!
Du bist genauso gemeint wie du bist.
Kein anderer kann Deine Gefühle,

Deine Erfahrungen, Deine Vorliebe und Deine Qualitäten einbringen
in das große Spiel des Lebens.

ICH segne Dich und bitte Dich: Segne auch Du Dich selbst.
Bedenke: In allem liegt ein verborgener Sinn,
ein Segen, ein Geschenk -
so auch in dir!

Geh nun Deinen Weg
in Frieden und Einverständnis mit dir selbst
und in meinem Licht.

Fühle meine Liebe tief in dir und weit um dich herum!
Damit grüßt dich

dein Freund und Tröster *Christus*

♥   <u>Mein Mantra für dich</u>   ♥

ICH BIN einverstanden.

26. Denke daran: Du hast einen Freund!

Sei von Herzen gegrüßt, geliebtes Wesen!

ICH trage deine Stärken und Schwächen
in meinem liebenden Herzen.
ICH weiß um deine Vergangenheit
und habe für deine Zukunft schon gesorgt.
ICH BIN der Freund in dir!

Denke immer daran,
du hast einen Freund, der immer für dich da ist,
der jederzeit dein bester Anwalt ist,
dem du stets vertrauen kannst.

Vor MIR brauchst du nichts verbergen,
vor MIR brauchst du dich niemals zu fürchten,
denn ICH weiß, du hast in jedem Augenblick das Beste getan.
Du konntest immer nur das tun,
was im Rahmen deiner Möglichkeiten machbar war.
Aus diesem Fundus hast du immer dein Bestes gegeben.

Und so ist es und war es in Ordnung.
So ist es bei dir und allen Menschen.
Jeder tut innerhalb seiner Möglichkeiten das Beste.
ICH möchte, dass du das immer bedenkst,
wenn du unsicher wirst.

So wisse dich auch heute von MIR
verstanden, versorgt und getragen.
Denn ICH BIN dir immer ganz nahe!

Dein liebender Freund   *Christus*

♥   <u>Mein Mantra für dich</u>   ♥

ICH BIN getragen in Seiner Liebe.

27. Werde still und fühle – ICH BIN da

ICH grüße dich leise und zärtlich,
Du mein innig geliebtes Wesen!

Du suchst Beistand, Kraft und Rat?
Geborgenheit und inneren Frieden?
Liebevolle Führung?

Komm zu MIR – zu MIR in dir.
ICH BIN deine tägliche Kraftquelle
und versorge dich mit allem, was du brauchst,
um zu leben und dich wohl zu fühlen,
mit Nahrung für Körper, Geist und Seele.

ICH sage dir auch,
wie du deine Arbeit gut und leicht bewältigen kannst,
und ICH sage es dir so,
wie du es verstehen, annehmen und tun kannst,
denn ICH kenne dich
und bin in tiefer Liebe mit dir eins.

Das Einzige, was du zu tun hast dazu:
Still werden, hinhören und fühlen,
denn ICH BIN da
und erwarte dich in jedem Moment
tief in deinem Herzen.
Lass dich fallen und vertraue auch heute.
ICH BIN da!

Deine tief innere **Christus - Kraft**

♥   <u>Mein Mantra für dich</u>   ♥

ICH BIN versorgt mit der Kraft des lebendigen Christus.

28. Rufe die Liebe mit aller Kraft!

Mein innig geliebtes Wesen!

Einzig und allein darum mögest du heute bitten:
„Gott, in deiner unvorstellbaren Güte und Kraft,
zeige mir heute stündlich den Weg, WIE ICH LIEBEN KANN!"
Denn dann ist dir Kraft Freude und Erfüllung gewiss.
Die wahre Liebe liegt im totalen Annehmen, dessen, was ist,
in dir und um dich herum.

Sie umschließt alle Gefühlen,
die wohligen und die schmerzlichen,
mit der wärmenden Vielfalt heilender Gedanken und Kräfte.
Die Liebe weiß, dass alles so sein muss, wie es ist,
und dass kein Mensch anders fühlen kann, als er eben fühlt.
Aus diesem sicheren Wissen heraus betrachtet sie alles,
was sich zeigt – in dir und in anderen.

Gib dich der Liebe anheim,
besonders dann, wenn du Lieblosigkeit fühlst.
Rufe die Liebe – mit aller Kraft und Sehnsucht,
zu der du fähig bist.
Niemals verschließt sich die Liebe vor deinem Ruf.
Die Liebe ist größer als alle Lieblosigkeiten dieser Welt.

SIE sieht in allem das Licht,
mit Ihr kannst du aller Lieblosigkeit und Sorge entsagen.

Die Liebe allein lässt dich leben als frohes Kind Gottes,
frei und ohne Sorgen im tiefen Vertrauen,
dass für dich heute und zu aller Zeit gut gesorgt ist.

ICH mache dich stark im Geist der Liebe,
dein Meister und Freund *Christus*

♥ **Mein Mantra für dich** ♥

ICH BIN stark im Geist der Liebe.

29. Aufrecht – in Demut und Größe – so lebe mit MIR!

Du mein innig geliebter Mensch!

ICH BIN da, tief in dir und weit um dich herum.
Mit meiner unendlichen Liebeskraft des reinen Lichts
umfange und durchfließe ICH dich.
Setze dich ganz aufrecht hin, so als seist du mit einem Faden aus Licht
an deinem Scheitelpunkt von MIR aufwärts gezogen.

So aufrecht möchte ICH dass du überall hingehst!
So aufrecht möchte ICH, dass du MIR dienst - MIR in dir und überall.
Verstehe: Dieser Dienst soll als erstes dir selbst zu Gute kommen,
und in dem Maße, wie es dir Freude macht, deinem Nächsten.

So aufrecht möchte ICH, dass du nimmst,was ICH dir gebe –
durch welchen Menschen auch immer.
So aufrecht möchte ICH, dass du deine Geschenke verteilst.
So aufrecht kannst du auch mehr und mehr
mit Ängsten und Schwächen umgehen, mit deinen und denen der anderen -
denn auch diese sind unendlich wertvoll.
So aufrecht kannst du mit MIR auch deine Größe anerkennen.

Diese aufrechte Haltung möge dich erinnern an deine tiefste Wahrheit:
Du bist unendlich wertvoll, ein Kind des ALL-EINEN!
Du bist wie ein Puzzle-Teil - immer und überall verbunden
mit allem, was ist, und wirst so gebraucht wie du bist!

In der Ungleichmäßigkeit liegt die wahre Vollkommenheit.
In aufrechter Haltung und in der Demut, die deinem So-Sein gilt,
sollst du dich stets erinnern:
Du wirst mit allen Ecken und Kanten gebraucht und geliebt
im göttlichen Puzzle des Lebens.
In Aufrichtigkeit und Demut grüßt dich dein Bruder *Christus*

♥ **Mein Mantra für dich** ♥

ICH BIN unendlich wertvoll.

30. Jenseits von Mühe und Anstrengung findest du MICH!

Sei gegrüßt in tiefer Liebe, verehrtes Wesen!

ICH sage dir bei allem, was dich bedrückt:
Wenn du los lässt, wenn du aufgibst,
findest du das, was du wirklich brauchst!
Das ist manchmal schwer, ICH weiß.

Dennoch sage ich dir:
Gib auf zu suchen, zu streben,
dich so sehr anzustrengen.
Sei zumindest dazu bereit,
denn mehr kannst du nicht tun.

Je früher du deine Suche, deine Anstrengungen beendest,
um so eher findest du MICH.

ICH BIN einfach da, in dir -
im drucklosen, ruhigen Raum deines Herzens.
ICH BIN es, der die Geschenke für dich bereit hält:
tiefen Frieden, grenzenloses Vertrauen
und Geborgenheit in einer Liebe, die niemals endet.
Lebe einfach und mühelos – auch heute wieder -

Sei aufmerksam,
wenn das Bemühen dich wieder packen will!
Und erlaube dir,
dich dem Sog des hetzenden, eilenden Strebens zu entziehen.

Ich ermutige dich zum mühelosen Sein!

Dein lächelnder Freund *Christus*

♥   <u>**Mein Mantra für dich**</u>   ♥

ICH BIN bereit los zu lassen

.31. Löse dich von den hohen Ansprüchen an dich selbst!

Meine geliebte Freundin, mein geliebter Freund

Als Mensch tanzt du einen einzigartigen Tanz
zwischen den Polen Spannung und Erlösung.

ICH sage dir in tiefer Liebe:
Egal, wo du bist, du bist genau dort am richtigen Ort.
Egal, was du tust, du tust das Richtige – das dir Gemäße.
Du musst und du kannst nichts besser machen!
Es gibt nichts, was du erreichen oder erlangen müsstest.

Du kannst getrost jede Anstrengung gehen lassen.
Das, was zu deinem goldenen Lebensfaden passt,
erhältst du ohne krampfhaftes Bemühen.

Beende jeden Kampf, befreie dich von Druck!
Stress und Eile entspringen dem Kampf gegen die Zeit.
In Ruhe und Hingabe gelingt alles viel leichter.

ICH verspreche dir: Du wirst in jedem Moment , was du brauchst.
Die Geschenke deiner Seele, warten darauf, von dir gefunden zu werden.
Du hast alle Zeit der Welt.
Nichts kann dir jemals verloren gehen!

Achte auch heute auf die Geschenke, die auf dich warten.
ICH öffne dir die Augen für die Geschenke des Lebens,
die heute auf deinem Weg liegen.

Und sei sicher: An jedem Tag sind Geschenke für dich da!
Es lohnt sich, danach Ausschau zu halten heute und an jedem neuen Tag.
In Liebe grüßt dich dein Lebenshelfer *Christus*

♥   **Mein Mantra für dich**   ♥

ICH BIN immer und überall genau richtig.

32. Gehe mit MIR in Würde und Frieden – und strahle!

Geliebter Mensch!

Es ist an der Zeit, neue Schritte zu tun.
Geh mit MIR! Überall bin ICH.
Dies kann der Moment eines neuen Anfangs sein.

Tue das, was es für dich zu tun gibt - mit MIR.
Verstecke dich nicht länger.
Deine Liebe will gelebt werden.
Bringe sie in deiner ureigenen Weise zum Ausdruck -
in den täglichen kleinen Dingen und Verrichtungen
sowie in den besonderen Situationen, in die ICH dich führe.

Wisse dabei: Es ist gleichermaßen gültig,
ob du deine Liebe im Kleinen oder im Großen leben lässt.
Denn alles ist groß, was du in Liebe tust.

Verwechsele Liebe bitte nicht mit lieb-sein!
Liebe heißt wahr und echt sein.
Wenn du in Verbindung mit deinem inneren Licht handelst,
wirst du mit Freude und Klarheit erfüllt sein
und diese einfach durch dein Sein-so-wie-du-bist in die Welt tragen.

So sage ICH dir heute: Geh und strahle!
Lass deine wunderbare Weise, zu leben und zu lieben, einfach geschehen.
Höre auf damit, dich kritisch zu beobachten und in Frage zu stellen.
Das brauchst du nicht!

Du wirst genauso gebraucht, wie du bist.
Gehe nun los, in Würde und Frieden
und verbinde dich in allem mit MIR, it dem *Christus* in dir

♥ <u>Mein Mantra für dich</u> ♥

ICH BIN ein strahlendes Wesen - wahrhaftig und echt.

33. Nicht Gerechtigkeit, Gnade ist der Schlüssel!

Geliebtes Wesen!
Bitte, lass diese Worte tief in dich hinein sinken,
dein Herz versteht sie, und dein Kopf braucht sie:
Fürchte dich nicht - du kannst nichts falsch machen!
Alles was geschieht in dir, durch dich und um dich herum,
ist Teil eines göttlichen Plans, den deine Seele mitgestaltet.
Gib alle Befürchtungen und Schuldgedanken MIR,
denn alles sollte so sein, wie ist war und ist.
Du bist so wie Gott dich gemeint hat.
ICH brauche dich so wie du bist – auch heute wieder!

Und auch die anderen, von denen du dich zuweilen verletzt fühlst,
erfüllen ihre Rolle im großen Lehrstück
der vergebenden, bedingungslosen Liebe.
ICH helfe dir, zu erkennen, dass alles, was je geschieht in diesem Leben,
dem goldenen Faden der Gnade dient,
den du gemeinsam mit MIR und allen Seelen gewebt hast
im göttlichen Raum hinter der Zeit.

Die Erfahrung der vergebenden, alles tragenden Liebe,
das Fühlen dieser Kraft, die unabhängig ist von allem,
was du tust, und was dir getan wird, ist deine wahre, deine tiefste Sehnsucht.
SIE ist es, die du empfangen und verströmen willst.

Deshalb bist du hier und erlebst all das, was war und ist.
Suche nicht nach Gerechtigkeit, einzig die Gnade ist es,
die dich trägt und die dir hilft zu tragen.
Gnade kannst du nicht willentlich erreichen,
du bekommst sie geschenkt. Du kannst dich IHR nur öffnen.

In unendlicher Liebe und tiefem Verstehen grüßt dich
dein Meister, der dir Gnade schenkt, *Christus*

♥ <u>Mein Mantra für dich</u> ♥

ICH BIN gnädig mit mir. ICH BIN bereit, mich der Gnade zu öffnen.

34. Du findest Frieden hinter all deinen Gefühlen

Mein verehrtes, geliebtes Menschenwesen!

Manchmal gibt es Situationen,
in denen Frieden das Einzige und das Schönste ist,
was du erlangen kannst,
einfach Frieden – nicht mehr und nicht weniger -
Frieden mitten in all den Wirren dieser Welt,
Frieden, in dem du ruhen kannst,
wie in dem Auge des Orkans,
in dem absolute Stille herrscht.

Du erlangst diesen Frieden,
nachdem du deine bewegten Gefühle gefühlt hast.

Und dieser Frieden hüllt dich ein
wie ein wärmender Umhang,
in dem du Stille und Geborgenheit findest,
unabhängig von allem,
was um dich herum geschieht.

Komm her zu mir, geliebtes Wesen,
ICH lege dir den schützenden Mantel des Friedens um.
ICH bringe dir einen Frieden,
der tiefer ist als alles,
was du dir erdenken kannst.

Mit MIR kannst du leicht in Frieden weitergehen,
denn mein Frieden ist nicht von dieser Welt,
wohl aber in dieser Welt!

In liebendem Herzen trägt dich
Christus , dein Friedensfürst

♥ <u>Mein Mantra für dich</u> ♥

ICH bin verbunden mit meinem Friedensfürst.

35. Tauche tief in die leuchtende Stille deines Seins!

Sei gegrüßt in zärtlicher Liebe!

Lass dich fallen, geliebtes Wesen,
ja, sinke tief hinein in dich selbst.
Dort erwarte ICH dich,
dort im Raum deiner Stille.
Tauche tief, noch tiefer...
Hab` keine Angst!

ICH BIN da
und erwarte dich mit weit geöffneten Armen.
Du sehnst dich nach dauerhafter Liebe,
nach Halt und wärmender Geborgenheit.
ICH gebe dir das alles, das und noch mehr!

ICH BIN in jedem Moment da und erwarte dich,
um dich in meiner Liebe zu halten und zu tragen.
Deshalb: Lass dich fallen, tauche ein
in den Raum der leuchtenden Stille tief in dir,
den ICH mit meiner zärtlichen, kraftvollen Liebe fülle.

ICH BIN da und warte auf dich.
Erfahre MICH heute und an jedem Tag,
denn ICH gebe dir, was du wirklich brauchst – Liebe pur.
Diese kraftvolle und zugleich weiche, nährende Liebe
kannst du von keinem anderen Menschen bekommen
außer von dir selbst – von MIR in dir.
ICH lade dich ein, mit MIR zu tun, in MIR zu ruhn,
an meinem liebenden Arm durch deinen Tag zu gehen.

Von Herzen! Dein Geliebter, Dein Freund **Christus**

♥ <u>**Mein Mantra für dich**</u> ♥h

ICH BIN sicher und geborgen im Inneren meines Seins.

36. ICH halte dich in meiner Liebe – immer und überall!

Mein geliebtes Wesen!

Ja, ICH weiß, dein Leben ist manchmal schwer.
Da gibt es Schmerz, Angst, Not – innere oder äußere.
Manchmal sogar alles auf einmal.
ICH weiß, was Leid bedeutet,
aber ICH weiß auch, wozu all das Schwere dient,
und dass es nichts gibt,
was du in der Tiefe deines Seins nicht selbst gewählt hast.
Deine tiefe Sehnsucht ist es,
in jedem Moment folgendes sagen und empfinden zu können :

"Was auch geschieht - nichts vermag mich in der Tiefe zu erschüttern
Menschen mögen alles mögliche sagen oder tun -
in meiner wahren Essenz bin ich unverletzbar,
und lebe mein Leben genauso, wie es bestimmt ist.
Und wenn DU, Gott,Göttin meines Seins,
dies oder jenes jetzt von mir willst,
okay, dann nehme ich es an, mit Christi Hilfe.
DU weißt wozu. DU weißt, dass es mir dient.
DU kennst den verborgenen Sinn dessen.
Daran will ich glauben,
denn ohne diesen Glauben wäre alles sinnlos.
Also bitte schön : Halte mich in diesem Vertrauen!
DIR will ich folgen , DIR in mir.
Denn alles, was DU für mich willst, ist Liebe,
auch wenn ich es oft nicht verstehen kann."

Und darauf werde ich dir antworten:
Ja! ICH halte dich in meiner Liebe und tue alles dafür!

Dein großer Freund, Bruder und Meister **Christus**

♥   **Mein Mantra für dich**   ♥

ICH BIN sicher gehalten.

37. Bitte nur: Meister, lass mich DICH fühlen!

Du mein innig geliebtes Wesen!

Es gibt so vieles, das dich beschäftigt,
das dich möglicherweise auch belastet.
Es gibt so vieles, worin du Hilfe ersehnst.
Um sie von MIR zu erhalten,
bedarf es nicht vieler Worte.

Bitte nur:
Meister, lass mich fühlen, dass DU da bist.
Denn das Gewahr-Sein meiner Gegenwart
ist das höchste Gut,
das dir widerfahren kann.

Mit MIR in dir zieht Frieden ein.
Mit MIR in dir findest du die Kraft,
die du für den nächsten Schritt benötigst.
Mit MIR in dir wird es leicht,
deinen Weg zu sehen und zu gehen.
Mit MIR in dir gelingt es dir,
Vertrauen zu finden -
Vertrauen in MICH und meine liebende Macht,
Vertrauen in dich und deinen Weg,
Vertrauen in dein Leben,
das du gemeinsam mit MIR
gestaltest und lebst in der Weise,
die du auf höchster Ebene gewählt hast.

Sei dir auch heute meiner liebenden Gegenwart bewusst.

ICH BIN dein liebender Meister und Freund *Christus*

♥ <u>**Mein Mantra für dich**</u> ♥

ICH BIN geborgen in Christus, ich vertraue.

38. In der Hingabe findest du die heilende Stille

Mein geliebtes Menschenwesen!

Wenn dich Gefühle überfluten, nimm sie an!
Gib dich ihnen hin – und wisse dabei:
Das ist nicht die letzte Wahrheit!
Wenn du vor Wut und Empörung überschäumst,
wenn Schmerz in dir wie Feuer brennt,
wenn Verzweiflung und Schuldgefühle dich lähmen,
ertrinke in ihnen, verbrenne in ihnen,
stirb und werde.

Und im Werden wirst du erkennen:
Das war nicht die Wahrheit!
Du bist Liebe!
Du lebst in der Liebe!
Du kannst die Liebe niemals verlieren,
und du kannst die Liebe keinem Wesen vorenthalten.
Denn sie ist überall -
in dir und in allen Wesen,
in der Luft, in der Erde im Wasser und im Feuer...überall!

Für die Momente, in denen du dich unzulänglich fühlst,
sage ICH dir:
Du kannst nicht für alle der Liebesbote sein,
und oft gerade für die nicht,
die am meisten von dir erwarten.
Du kannst nur dort hin gehen,
wohin dein Herz dich schickt.
Den Rest überlasse getrost der Liebe selbst.

Aus dem Ur-Grund der Liebe grüßt dich
dein Freund   *Christus*

♥   <u>Mein Mantra für dich</u>   ♥

ICH BIN bereit, alles der Liebe zu übergeben.

39. Atme Liebe – und du fühlst MICH!

Mein geliebter Freund, meine geliebte Freundin,

sei frohen Mutes,
denn ICH BIN da – immer und ewig!
Und wenn ICH DA bin,
ist Frieden, Kraft und Liebe gegenwärtig.

Die Frage ist nur:
Lässt du dich darauf ein?
Besinnst du dich auf meine Gegenwart?
Verbindest du dich mit meiner Kraft?

Atme... sanft und tief...
Atme meine Liebe ein.
ICH schenke sie dir -
in jedem Moment neu, so auch JETZT!

Lausche in dein Herz,
in dein tiefstes Gefühlszentrum.
Dort hörst du meine Stimme, die dir zuflüstert:
„Du bist unendlich geliebt,
du bist gewollt, so wie du bist,
du bist behütet!

ICH liebe dich grenzenlos und bedingungslos,
und ICH bitte dich: Liebe auch du dich selbst!"

Dabei hilft dir in jedem Moment
dein Helfer und Heiler, *Christus*

♥   Mein Mantra für dich   ♥

ICH BIN gewollt so wie ICH BIN, und liebe mich bedingungslos.

40. Nimm an, was ICH dir reiche!

Sei liebevoll gegrüßt, verehrter Mensch!

Es ist dein Streben und Vermeiden-wollen, das dich unfrei macht.

ICH sage dir:
Wer sich in jedem Moment dem hingibt,
was das Leben von ihm will, ist frei in der Liebe -
frei von Furcht und Streben.

So lange du bestimmte Ereignisse unbedingt haben willst
und anderes zu vermeiden suchst, trägst du Scheuklappen.
So kannst du den reichen, bunten Tisch,
den ICH dir täglich bereite, nicht entdecken.
Des Lebens Tisch ist vielfältig für dich gedeckt.
Du aber möchtest am liebsten nur von den Süßspeisen kosten.

Doch du wirst ihrer überdrüssig,
wenn du das Pikante, das Scharfe, das Saure vermeidest.
Erst im Taumel verschiedener Geschmacksqualitäten,
kannst du dich an der Süße des Lebens erfreuen.
Doch das Buffet des Lebens stellt dir vor den Tisch mit den Süßspeisen
immer wieder Salziges, Scharfes und Saures.

Mein Kind, ICH verstehe dich,
der Nachtisch schmeckt am besten, doch glaube MIR,
du kannst auch das beste Dessert nicht mehr genießen,
wenn du es immer bekommst.
Deshalb wage dich an alle Speisen, die ICH dir reiche.
Schau lächelnd auf dein Begehren und Streben nach Süßem -
und nimm dann alles an, was auf dem Tisch des Lebens gerade zu finden ist.
Dazu ermutigt dich jeden Tag aufs Neue
Dein Freund *Christus*

♥   <u>Mein Mantra für dich</u>   ♥

ICH BIN vielfältig versorgt mit dem, was ich brauche.

41. ICH kenne den Weg deiner Erfüllung!

Sei von Herzen gegrüßt, geliebtes Wesen!

ICH weiß um dein Begehren – um deine tiefsten Sehnsüchte.
ICH verstehe und liebe alles von dir!
Und ICH weiß auch: Du sehnst dich nach etwas viel Größerem,als du weißt.

Deine Wünsche, die bewussten und die unbewussten,
die heimlichen und die, die offenbar sind,
streben der höchsten Erfüllung entgegen.
Deine Seelen-Wünsche sind auf dem Wege sich zu erfüllen.
Ja, glaube es – auch wenn es so aussieht, als würde sich nur wenig bewegen.
Vertraue der Zeit. Vertraue MIR. Vertraue der Sehnsucht in dir.
Wenn du deine Erfüllung nicht an bestimmte Umstände, bestimmte Menschen,
bestimmte Ergebnisse bindest, sondern sie mehr und mehr MIR überlässt,
wirst du staunen, was sich in dir vollzieht.

Deine Erfüllung findet vor allem auf inneren Ebenen statt.
Du fühlst sie als leises Gefühl der Zufriedenheit
oder als bebende Begeisterung an dem, was geschieht.

ICH BIN dein Reiseleiter auf dem Weg der Erfüllung.
ICH kenne die Ziele deiner Herzens-Wünsche
und die Landschaften der vor dir liegenden Erfahrungen.
Gemeinsam fahren wir durch deine innere und äußere Welt.
Lehne dich entspannt zurück
im Wagen deiner sich von selbst entfaltenden Entwicklung - und sei unbesorgt:
ICH kenne den Weg deiner Erfüllung.

Und wenn wir auch durch Tunnel oder dunkle Täler fahren,
so ist das nur ein Durchgang zu neuen helleren Gebieten.
Überlasse die Route getrost MIR,dem Reiseleiter in dir, *Christus*

♥   <u>Mein Mantra für dich</u>   ♥

ICH BIN voll Vertrauen zu meinem Reiseleiter.

42. ICH helfe dir deine Sorgen mit Liebe zu bestrahlen!

Ich begrüße dich herzlich, geliebter Mensch!
Heute möchte ICH mit dir über deine Sorgen sprechen.
Sorgen entstehen aus Angst vor dem, was kommen könnte.
Diese Angst resultiert aus der Betrachtung deines Lebens
so, wie es war und jetzt ist.
Was später kommt, kannst du jetzt nicht wissen.
Du könntest nur aus deiner Intuition, aus einem entspannten Gefühl heraus,
einen Eindruck darüber bekommen.
Deine Angst glaubt nicht, dass später vieles lichtvoller wird,
als sie es sich jetzt vorstellen kann.
Sie kann es nicht, weil sie nur das berücksichtigt,
was sie in der Welt der fünf Sinne wahrnimmt.

Die unsichtbare energetische Welt ist jedoch weit wirksamer
und baut deine unmittelbare und fernere Zukunft
auf jeden Gedanken und jedes Gefühl, das jetzt da ist.
Und das funktioniert nicht nach logischen Regeln!
Ein Gedanke der Liebe wirkt tausendmal stärker
als ein beengender Gedanke der Angst oder des Schmerzes.
Befürchte also nicht eine negative Wirkung deiner Ängst!
Das wäre ja eine zusätzliche Erschwernis.

Sei beruhigt:
Besonders, wenn dir die schweren Gedanken bewusst sind,
bedarf es keiner Spiegelung mehr in der äußeren Welt.
Also: Mache dir bitte keine Sorgen über dein Sorgen-Machen!
Du kannst es mit einem Gedanken der Liebe entkräften.
Denke einfach „Liebe an meine Angst!" - und sei sicher:
in diesem Moment bestrahle ICH deine Sorgen mit Liebe,
so dass sie sich kaum auf die Zukunft auswirken werden.
All deine Kümmernisse, Sorgen und Ängste sehnen sich danach,
in Liebe eingehüllt werden!
Dabei hilft dir dein liebender Freund   *Christus*

♥   <u>Mein Mantra für dich</u>   ♥

ICH BIN bereit, meine Sorgen mit Liebe zu bestrahlen.

43. ICH BIN da, wenn keiner da ist!

Du mein geliebter Mensch!

ICH weiß um deine Angst vor den Gefühlen,
die manchmal entstehen, wenn du allein bist.
ICH kenne deine tiefe Sehnsucht
nach Geborgenheit und Verbundenheit.
ICH kenne aber auch deine tiefen Wünsche
nach Freiheit und Unabhängigkeit.
Beides soll seinen Platz in deinem Leben bekommen.
ICH helfe dir eine gute Balance zu finden.
Du musst mir dieses Thema nur ganz bewusst anvertrauen -
wann immer es dich bedrückt.

Es gibt auch ein Bedürfnis in dir allein zu sein -
das wird von deiner Seele gewählt.
Denn in diesen Stunden kannst du dich IHR ganz nah fühlen.
Dann bist du mit MIR auch ganz fühlbar verbunden.

ICH BIN da -
ganz besonders auch dann, wenn du allein bist.
ICH BIN da, wenn du dich einsam fühlst
und Geborgenheit gerade nicht fühlen kannst.
Schließe deine Augen und spüre -
ICH BIN da mit meiner zärtlichen und kraftvollen Liebe!
ICH gebe dir die Energien, die du gerade brauchst.

Du kannst ALLES von MIR haben,
was deinem bewegten Gemüt wohl tut.
ICH BIN da, wenn keiner da ist. IMMER!
Darauf gebe ich dir mein Wort.

Dein dich innig liebender **Christus**

♥ **Mein Mantra für dich** ♥

ICH BIN gut aufgehoben.

44. Vertraue meiner Führung – ICH BIN da für dich!

Du mein überaus geliebtes Wesen!
Tief in Deinem Inneren sehnst Du Dich so sehr danach,
liebevolle Führung zu erfahren,
und gleichzeitig hat ein anderer Teil in Dir große Angst,
der Führung zu folgen. ICH verstehe das.
Du sehnst dich manchmal so sehr danach,
wie ein Kind unbefangen und sorglos leben zu können.
Mein lieber Mensch: Das kannst du haben!

ICH führe Dich gern in jedem Moment.
Die Frage ist nur: Willst Du Dich immer führen lassen?
Erkennst Du die Entlastung dieser Möglichkeit?
Erkennst Du die Führungsimpulse, die ICH Dir gebe -
durch Zeichen, „Zu-Fälle", Worte, Lieder , Anblicke?
Folgst du der Führung Deiner Körperweisheit?
Gibst du zum Beispiel darauf acht, wann du müde bist
und wann Du einen Bewegungsdrang in dir spürst?
Dein Unterbewusstsein steht eng mit MIR in Verbindung.

ICH lebe in Deinem Herzen, in jeder Zelle
und in dem weiten Energiefeld um dich herum.
Lauschst Du auf meine Stimme tief in dir?
Ja,liebes Wesen, so manches Mal gelingt dir das schon gut!
Es gibt aber auch Momente, da überhörst du MICH.
Da übersiehst du die Zeichen, da übergehst du dein Gefühl.
Nein, gräme dich deshalb nicht. Du bist dabei zu lernen.
Und ICH helfe Dir. Dafür bin ICH da.
Frage dich in allem: Was geht leicht? Folge dem.
Das heißt nicht, dass alle Anstrengungen zu vermeiden sind.
Leicht ist vor allem das,
was du mit guten, frohen, lebendigen Gefühlen tun kannst.

Denn das kommt von MIR, dem liebenden, lehrenden Meister in Dir, *Christus*.

♥   <u>Mein Mantra für dich</u>   ♥

ICH BIN geführt und folge.

45. Gehe als geliebtes Kind Gottes durch die Welt!

ICH grüße dich, geliebter Mensch!
Einst sagte ICH durch Jesus von Nazareth:
Wenn Ihr werdet wie die Kinder, erlangt Ihr leicht das Himmelreich.
Heute möchte Ich dich einladen, dich wie ein Kind zu fühlen.

Egal, was zu tun ist, tue es mit MIR, an meiner Hand,
unter meinem liebevollen, ermutigenden Blick.
Jetzt, in diesem Moment richte ich meine Worte an das Kind in dir
und bitte ICH dich zärtlich:
Komm zu MIR, lehne dich an MICH, geliebtes Menschenkind!

Ja, du hast richtig gelesen, benutze deinen Geist!
Deine Vorstellungskraft ist eine geistige Wirklichkeit! Sie ist so wertvoll!
Hier ist alles möglich, was du dir wünschst.
Hier können wir gemeinsam alles erleben, was dir gut tut.
Stell Dir einfach vor, da, wo du sitzt, bin auch ICH.
Du kannst zu Beispiel im Schoß meines Geistkörpers ruhn.

ICH kann als energetisches Wesen ja überall sein.
So groß, so klein, wie es gerade gebraucht wird.
ICH BIN gerade im Polster der Rückenlehne deines Sessels,
deines Sofas, deines Bettes.
ICH sitze hinter dir und meine Energie berührt dich.
Kuschel dich an MICH, lehne dich an meine liebende Brust.
Sei so klein, wie du möchtest.

Und nun spüre wie dein Atem mit meinem Atem schwingt.
ICH passe mich deinem Atemrhythmus an.
Lass uns einfach ein Weilchen gemeinsam atmen
und ganz sacht wirst du merken, wie Frieden Einzug hält.
Spürst du? Wir sind EINS, geliebtes Kind.

Liebevoll umfängt dich dein Meister-Selbst, **Christus**

♥ **Mein Mantra für dich** ♥

ICH BIN im Schoß der Liebe.

46. Das, was gerade geschieht, dient deiner Heilung!

Du mein wunderbarer, geliebter Mensch!

Es ist an der Zeit, alte Wunden und Irrtümer zu heilen!
Es gibt Gedanken, Worte, Verhaltensweisen anderer Menschenkind
die deine alten Wunden berühren..
Wenn dabei etwas sehr weh tut, ist es immer ein alter Schmerz,
der durch das aktuelle Geschehen wieder erlebt wird.

Übergib es dann der Liebe deines Herzens, übergib es MIR.
ICH BIN der liebevollste, behutsamste Arzt, den es gibt.
ICH tue das, was nötig ist, so sanft wie möglich
und mit der allergrößten Sorgfalt und Weisheit.
Vertraue, Liebes! Der Schmerz wird vergehen,
es braucht nur etwas Zeit. Was du jetzt erlebst, ist Heilungsschmerz.
Du wirst daraus gesund und kraftvoll hervorgehen.

Ja, mein Liebes, ICH weiß:
selbst die zarteste Berührung einer alten Wunde kann weh tun.
Die Wunde öffnet sich, die Krusten platzen auf...

Doch während dein verletztes Gemüt sich fürchtet
vor dem Schmerz einer jeden neuen Berührung,
sei sie auch noch so sanft, bleibt dein Herz offen
in seiner nun schon so großen Kraft
Es weiß, dass alles seine Richtigkeit hat.

ICH wohne in deinem Herzen und öffne meine liebenden Arme
weit für alle ängstlichen, verletzten Gefühlskinder in dir.
ICH puste den Hauch der Liebe
auf ihre wunden Stellen und versichere ihnen:
Nun, wo die Wunde offen ist, kann ICH sie versorgen - sie wird heilen!
Dies verspricht dir dein innerer Arzt, dein Heiler   **Christus**.

♥   <u>**Mein Mantra für dich**</u>   ♥

ICH BIN bei meinem Heiler, Christus.

97

47. Beschließe dein Leben zu genießen – mit MIR!

Du mein Freund, meine Freundin,
Du weißt es doch:
Wo zwei oder drei in meinem Namen versammelt sind,
da bin ICH mitten unter ihnen.

Du brauchst mich nicht zu suchen,
ICH BIN da.
Erwarte MICH! Entdecke MICH!
Überall - in allen und allem...

ICH singe gern, ICH lache gern, ICH liebe gern,
und so bitte ich dich für heute und für jeden Tag:
Genieße dein Mensch-Sein!

Tue, was du tust, aus Lust daran,
lache, liebe und lebe auch heute in meinem Namen
und lass mich durch dich leben.
Feiere dein Leben und lass die Freude wachsen!
Denn Freude ist die größte Kraftquelle.

Beschließe dein Leben zu genießen,
denn Beschlüsse haben Kraft!
ICH stärke diesen Beschluss mit meinem Segen.
Mache aus diesem Tag und aus jedem folgenden
einen Tag der Freude und der Lust am Leben.
ICH helfe dir dabei!
ICH sage dir: Du darfst und du sollst dein Leben feiern!
Genieße deine Zeit auf Erden wo weit es möglich ist
im Gewahr-Sein all der Schönheit im Kleinen wie im Großen.

Mit dir in Liebe und an dir in Freude
lebt dein großer Bruder *Christus*

♥   <u>Mein Mantra für dich</u>   ♥

ICH BIN eine Genießerin / ein Genießer des Lebens.

48. Schon JETZT erfüllst du deinen Sinn!

Sei von Herzen gegrüßt, du mein geliebter Mensch!

Manchmal zweifelst du an deinem Wert,
glaubst, du hast nichts Wesentliches erreicht.
ICH sage dir: Es ist nicht wichtig, bestimmte,
welche auch immer gearteten Ziele endlich zu erreichen…
Jeder Moment, in dem du mit MIR in Kontakt bist,
ist ein Geschenk, das du dir und anderen machst,
auch wenn es viele gar nicht wissen:
du trägst damit zur Schwingungserhöhung des großen Ganzen bei.

Du trägst Liebe in die Welt, nicht irgendwann, JETZT!
Manchmal denkst du: „IRGENDWANN tue ich das, was mich erfüllt!
IRGENDWANN ist alles gut."

ICH, dein göttlicher Freund, der dich in aller Tiefe kennt
und von dir begeistert ist, sage dir:
JETZT ist IRGENDWANN! JETZT ist alles gut!
JETZT erfüllst du den Auftrag deiner Seele!
JETZT lebst du im Land des Lichts und der Liebe,
das in deinem Geiste erblüht, aus dem du Licht in die Welt bringst.

Und ICH sage dir: DAS IST GENUG! JETZT ist alles gut!
Du selbst, dein Leben , alles…
Glaube es, geliebtes Wesen, oh glaube es doch endlich:
Es gibt nichts, das du IRGENDWANN erreichen müsstest.
Bereits JETZT ist alles gut. JETZT ist IRGENDWANN.
ICH LIEBE DICH JETZT und in alle Ewigkeit.
Und ich sage dir: Du bist viel größer, als du denkst.
Du leuchtest! JETZT!
Du bist absolut in Ordnung, wertvoll und geliebt, ganz genau so wie du bist.
Dies glaube bitte deinem Freund, *Christus.*

♥ <u>Mein Mantra für dich</u> ♥

ICH BIN ein Geschenk – jetzt!

49. Folge dem heiligen Hauch deiner Begeisterung!

Geliebter Freund, geliebte Freundin!
Ich sage dir heute, plane weniger, folge deinen Impulsen.
Folge deiner Begeisterung!
Lass dich berühren und lenken
vom heilenden göttlichen Geist.

Und wenn du gar keine Begeisterung finden kannst,
dann nimm dir einen Moment Zeit,
werde still und fühle in dich hinein.
Lausche in dich hinein.
Was wäre die schönste Weisung deiner inneren Stimme,
die du in diesem Moment erhalten könntest?

Wenn dir dann ein Gedanke kommt,
nimm ihn ernst, vertraue ihm. Er kommt von MIR.
ICH weiß, was du in der Tiefe deines Seins erfahren willst,
und sehe die Straße deiner sich entfaltenden Entwicklung.
Wir gehen diesen Weg gemeinsam.

Lass Dich von MIR an die Hand nehmen, und sei bereit,
für eine gewisse Zeit alles stehen und liegen zu lassen,
was heute nicht unbedingt notwendig ist.

Folge dem, was sich in deinem Herzen gut an fühlt,
lebendig und bewegend.
Folge dem kleinsten Hauch von Begeisterung,
den du in dir entdecken kannst.
Das ist MEIN Atem.
Komm, geliebtes Wesen, lass uns gemeinsam atmen.

Den heiligen Hauch der Begeisterung schenkt dir
dein Freund und Lebenslehrer, *Christus*.

♥   <u>Mein Mantra für dich</u>   ♥

ICH BIN lebendig und folge meiner Begeisterung.

50. Du kannst so vieles bewegen dadurch dass du DU bist!

Sei liebevoll gegrüßt, verehrter Mensch!

Dehne dich aus in alle Richtungen.
Zeige dich in deiner ganzen Größe.
Berühre alles mit deiner Art zu leben und zu lieben.

Du bist gerufen! Die Welt braucht dich genau so, wie du bist -
egal, ob du viele oder wenige Menschen berührst,
ob es in Gedanken, Worten oder Taten geschieht.
Alles ist gleich wertvoll.

Ein einziger von dir geäußerter Gedanke verändert das große Ganze,
denn seine Energie ist schöpferisch.
Du kannst auch mit deinen Gedanken so vieles bewegen!

Du kannst mit einem Wort, einem Blick oder einer Geste
einen anderen Menschen verunsichern oder erfreuen.
Und dessen Freude bewirkt wieder Veränderung bei anderen.

Also bitte ICH dich - im Namen des Lebens - dehne dich aus,
um in deiner ganz eigenen Art das große Ganze zu bereichern.
Wem könntest du jetzt einen Gedanken der Liebe senden?

Umfange zuerst dich selbst mit bedingungsloser Liebe.
Dann sende Lichtstrahlen an jene, die dir gerade einfallen.
Sie fallen nicht umsonst gerade jetzt in dein Bewusstsein.
Wem wirst du voraussichtlich heute begegnen?
Bestrahle euer Beisammensein jetzt mit deinem Wohlwollen.
Sieh den Tag als Gelegenheit, auf einfache Weise
die Liebe in der Welt zu vermehren.

ICH wirke durch dich. Dein wahres Sein, *Christus*

♥ <u>Mein Mantra für dich</u> ♥

ICH BIN wertvoll und dehne mich aus.

51. Frage MICH – ICH antworte dir! ICH führe dich!

Du mein innig geliebtes Wesen!

Manche Tage fühlen sich so leer an,
dass du dich in deinen Gefühlen „unterernährt" fühlst.
Vielleicht empfindest du es wie ein Schüler,
der vor einem weißen Blatt sitzt und es mit einer Aufgabe füllen soll,
von der er sich überfordert fühlt.
Er befürchtet, es fehle ihm an Ideen, an Wissen, an Können…
Er fühlt sich wie gelähmt anzufangen.
Für solche Zustände flüstere ICH dir zu:
Fang einfach irgendwie irgendwo mit irgendetwas an -
ICH BIN da und führe dich weiter!
Das weiße Blatt dieses Tages wird sich auf unerwartete Weise füllen!
Sei neugierig auf das, was das Leben dir schicken wird.

An anderen Tagen fühlst du dich vielleicht überfordert,
du glaubst, den Berg der Aufgaben kaum bewältigen zu können...
und für entspannende Momente keine Zeit zu haben.
Auch in diesen Stunden bin ICH dir nahe und sage dir: Du irrst!
Für erholsame wohltuende Momente ist immer genug Zeit da.
Je ruhiger du es an gehst, umso leichter gelingt alles. Probiere es aus!
Vertraue der Kraft der Langsamkeit: Langsam kannst du alles mehr genießen.
Und wie so oft ist das Wesentliche paradox: Langsam geht es schneller!

Nimm immer wieder einmal einige tiefe Atemzüge,
und denke dabei „Liebe", „Frieden", „Vertrauen"…
So nimmst du beim Einatmen diese Kräfte in dich hinein.

Und wenn du dann weiter machst, sei gedanklich im Gespräch mit MIR.
Frage MICH - ICH antworte dir. Bitte MICH, ICH helfe dir!
ICH sage dir Schritt für Schritt, wie alles gut läuft. Mit MIR geht alles leichter.

Dein Freund und Helfer *Christus*

♥ <u>Mein Mantra für dich</u> ♥

ICH BIN geführt.

52. ICH will, dass du dir wohl tust

Du, mein überaus geliebtes Wesen!
Manchmal überforderst du dich,bist erschöpft und fragst:
„Was ist das Beste, das ich tun kann?"
ICH sage dir: Das Beste ist das, was du LEICHT tun kannst.

Zuallererst sollst du DICH lieben.
Die Freude und die Kraft, die dadurch in dir entsteht, gib weiter.
Das meinte ICH mit dem Gebot: Liebe deinen Nächsten wie dich selbst.
Um das tun zu können, musst du als erstes gut zu dir sein.
Du bist als erstes dir selbst verpflichtet!

Wenn es dir dann ein Bedürfnis ist und und dir leicht fällt,
dann tue, was du möchtest: Licht ausstrahlen, reden, aktiv werden.
Doch tue es nur, wenn es dich wirklich froh macht!
Tue nichts, weil du meinst, du müsstest es tun!

Du bist frei in deiner Auswahl, wem du etwas geben willst.
Für das, was getan werden muss, wird immer ein Bote da sein,
dem es leicht fällt – dafür sorgt das liebende göttliche Bewusstsein.

Geben soll Freude machen, und das tut es nur,
wenn du deine Freiheit in Anspruch nimmst.
So handelst du aus dem Herzen, denn dein Herz ist frei!
Nochmal: Du bist niemandem verpflichtet, nur dir selbst.
Und natürlich ist niemand dir verpflichtet - nur du selbst.
Sage dir also: Ich kann wählen, dies oder jenes zu tun.
Gibt es Freude bei dieser Wahl?
Wenn ja, tue es in der Weise, die dir entspricht.
Wenn nicht, lass es. ICH helfe dir und den anderen auch!

Dein innerer Freund   *Christus*

♥   <u>**Mein Mantra für dich**</u>   ♥

ICH BIN gut zu mir.

53. Sei gewiss: ICH halte dich in meiner ewigen Liebe

ICH BIN da, geliebter Mensch, und ICH sage dir:
Alles kommt ganz anders als du jetzt denkst!

ICH BIN da und ICH WERDE da SEIN!
Manchmal hast du Angst vor der Zukunft, fragst dich bang:
Was wird sein? Eins ist klar: ICH werde sein! ICH werde mit dir sein.
So wie ICH auch jetzt mit dir bin - und noch anders.

Denn dann bist du nicht mehr der gleiche Mensch wie jetzt.
Deine Persönlichkeit ist heller, weiter geworden.
Und daher sage ICH dir: Alles kommt anders,
als du es dir aus dem heutigen Zustand heraus vorstellen kannst.
Und sei sicher: Es kommt viel leichter!

Denn dein Frieden ist dann noch tiefer,
dein Glaube ist sicherer,
dein Vertrauen noch stabiler
und deine Liebe noch tragender als heute.
Jeden Tag wächst all das für dich nahezu unmerklich.

ICH helfe dir dabei. Der Kontakt, den du zu MIR hast,
ist doch schon weit inniger geworden.
Spürst du es? Fühlst du MICH?
ICH BIN da. Jetzt in diesem Moment.
ICH umfange und durchströme dich
mit meiner bedingungslosen Liebe.
Lass los! Lass jetzt alle Gedanken an später los.
Atme und sei.
Lass dich hinein fallen in diesen Augenblick.
ICH halte dich in meinem Licht und wärme dein Gemüt.

In nie endender Liebe hält dich dein ewiger Gefährte *Christus*

♥ <u>Mein Mantra für dich</u> ♥

ICH BIN geliebt – jetzt und immer.

54. Lass Berührung zu, dein Herz ist stark genug!

ICH grüße dich in Liebe, verehrter Mensch!

Das tiefste Glück erfährst du,
wenn du mit offenem Herzen durchs´ Leben gehst.
Damit lädst du die ganze Welt ein.
Dein Herz ist so weit, dass sie darin Platz hat. Glaube es!
Tiefes Fühlen, im Einklang mit bedingungsloser Liebe
ist die Qualität deines Herzens.

ICH weiß, du fühlst nicht immer die bedingungslose Liebe.
Das ist okay und menschlich. Aber dort willst du hin!
Mit offenem Herzen bist du für alles berührbar,
und vieles will zu dir kommen, weil es spürt,
dass es bei dir von der Liebe berührt wird.

Gerade auch Menschen, die viele Nöte mit sich herumtragen,
suchen Berührung mit offenen Herzen, weil sie dadurch Liebe erfahren.
Manche haben noch große Angst vor dieser Berührung,
weil sie sich so wund fühlen, dass sie fürchten,
ihr Schmerz würde durch Berührung noch intensiver werden.
Da ist zum Teil etwas Wahres dran:
Das, was die Hand der Liebe berührt, wird dadurch bewusster
und lässt den Menschen fühlen, was bislang noch verborgen war.

So geht es manchmal auch dir, geliebtes Wesen,
wenn du dein Herz mehr und mehr öffnest.
Denn auch deine alten Schmerzen kommen ans Licht,
wollen sie doch endlich auch in deinem Herzen wohnen.
Scheue dich nicht vor deinem Heilungsschmerz.
ICH halte dich in deinem Schmerz und umfange dein wundes Gemüt
mit dem Trost-Mantel der Liebe. I

In tiefem Mitgefühl grüßt dich Dein innerer Heiler *Christus*

♥ <u>**Mein Mantra für dich**</u> ♥

ICH BIN geborgen im Mantel der Liebe.

55. Vertraue MIR - ICH kenne den Sinn deines Lebens!

Du mein liebes, mein wunderbares Wesen!
Es ist viel, was du der Welt zu schenken hast,
und was du täglich verschenkst.

Du bist ein Kanal für Licht und Liebe und sendest es in die Welt.
Und wenn du nur einen Menschen damit berührst,
schenkst du es durch ihn der ganzen Welt.
Du wagst es, tief zu fühlen,
du bringst dadurch dein ureigenes Leuchten in die Welt.
Du berührst die Menschen, die deinen Weg kreuzen, mit deiner Liebe,
mit dem, was du ihnen in deinem So-sein zu geben hast -
und DAS IST SO VIEL!

Atme meinen Frieden ein,
und schließe Frieden mit dir selbst, mit deinem Leben,
so, wie es ist, denn so ist es in jedem Moment gut.
Ja, glaube es endlich!
Keine Stunde deines Lebens ist und war vergebens!
Du hast erfüllt, was dein Seelen-Auftrag war, und du erfüllst ihn auch jetzt.

Dein Leben ist erfüllt mit deiner Liebe,
die du in deiner ureigenen Weise in die Welt bringst!
Bitte glaube MIR das,
auch wenn es sich vielleicht manchmal, in trüben Stunden,
in dir schwer oder gar leer an fühlt.
Du und alles um dich herum erfüllt einen tiefen Sinn.
So ist es , so war es immer und so wird es immer sein!

Diese Zusicherung gibt dir dein Freund und Kenner *Christus*

♥   **Mein Mantra für dich**   ♥

ICH BIN der Sinn meines Lebens.

56. Überall entdecke Spuren meiner Liebe

Sei gesegnet, du mein geliebtes menschliches Wesen,

und wisse um meine immer währende Liebe für dich!
ICH verspreche dir:
ICH BIN immer da,
war immer da
und werde immer da sein.
Da für dich. Ganz für dich.
Nichts und niemand kann dich jemals
von meiner Liebe trennen,
nicht einmal du selbst!

Auch wenn dir die Verbindung zu MIR
nicht immer bewusst ist,
auch wenn du meine Liebe nicht immer fühlen kannst,
auch wenn du dich manchmal ganz verlassen
und allein fühlst,
so bin ICH dennoch da.
Meine Liebe lässt dich leben.
Ohne meine Energie wärst du gar nicht lebensfähig.

Was auch immer du tust,
wo auch immer du bist,
du kannst aus meiner Liebe niemals herausfallen.

Dieses sage ICH dir mit jedem Sonnenstrahl,
der dich berührt,
mit jedem Windhauch, der dich freier atmen lässt,
mit jeder Blüte, die sich für dich öffnet.
Sie alle sind boten meiner unendlichen Liebe für dich.

In Ewigkeit mit dir verbunden grüßt dich
dein Freund, Bruder und Geliebter **Christus**

♥   **Mein Mantra für dich**   ♥

ICH BIN eingebettet in unendliche Liebe.

57. Nimm an, was das Leben dir gibt!

Meine Geliebte, mein Geliebter!

Erst wenn du bereit bist zu nehmen, ALLES zu nehmen,
das Salzige, das Bittere, das Pikante, das Saure, das Scharfe und das Süße,
wirst du den Geschmack entwickeln,
der dich zum Genießer des Lebens in jedem Augenblick macht.

ICH weiß, wie schwer es manchmal ist, ALLES zu nehmen.
Es ist so menschlich, manches zu begehren,
vom Schönen mehr haben zu wollen, und anderes abzulehnen.
ICH verstehe dich darin nur zu gut.

Beginne in kleinen Schritten wie ein Kind, dem gesagt wird:
„Es ist gut, von allem wenigstens einen Bissen zu kosten.
Koste und probiere von jeder Erfahrung,
lass den Geschmack eines jeden Gefühls
auf deiner energetischen Zunge tanzen –
wenigstens für einen Moment – und vertraue darauf,
dass deine Geschmacksknospen auf blühen werden
und du irgendwann jede Speise annehmen und genießen kannst,
die der Meister-Koch deines Lebens dir bereitet.

Glaubst du, ein guter Koch würde einem Kind Chili reichen?
Kannst du MICH als deinen Koch erkennen,
der dir nur gibt, was du gut vertragen kannst?

ICH liebe es, deine Speisen zuzubereiten und ICH weiß:
Irgendwann wird dein Vertrauen zu MIR so groß sein,
dass du in Hingabe alle Schüsseln leeren wirst, die ICH dir reiche!
Sage täglich: „Ich nehm`s von DIR, Christus!"

Liebevoll grüßt dich dein wohlmeinender „Meisterkoch" *Christus*

♥   <u>Mein Mantra für dich</u>   ♥

ICH bin bereit, auch das zu nehmen.

58. Folge MIR in den Raum der Wahrheit

Hallo, mein lieber Freund, meine liebe Freundin,

ja, ICH weiß, manchmal ist es einfach schwer!
Manchmal tobt das Chaos um dich herum und in dir.
Manchmal tut alles so weh, dass du keine Kraft mehr fühlst.
Manchmal ist deine Angst so groß,
dass es dir schwer fällt, weiter zu gehen.
Doch was auch geschieht, mein Liebes, ICH BIN da!
Komm zu MIR in all deinen Irrungen und Wirrungen,
welche Fratzen dir in deiner inneren oder äußeren Welt
auch erscheinen mögen, die Gefühle verkörpern wie
Schuld, Minderwertigkeit, Geringschätzung,
Hilflosigkeit, Angst, Enttäuschung, Scham, Wut...
Sie erscheinen dir nur im Raum der Illusionen,
gehe hindurch, verharre dort nicht,
folge meiner Stimme, die dich sicher hindurch führt
in den Raum der Wahrheit, den Raum der Liebe.

Und wenn du fürchtest, den Weg dorthin nicht zu finden,
dann wisse MICH bei dir und höre meine sanfte, klare Stimme,
die dir jeden einzelnen Schritt deines Weges weist.
Und wenn du glaubst, keine Kraft für den nächsten Schritt zu haben,
dann wisse mich unter dir - ICH trage dich da durch.
Und wenn du dich auf deinem Weg allein und verlassen fühlst,
dann wisse MICH und MEINE Boten links und rechts an deiner Seite.
ICH lasse dich niemals allein! Gemeinsam schaffen wir das!

Welche Berge du auch glaubst besteigen zu müssen,
in welchen Tälern du auch glaubst, ausharren zu müssen,
welche Wüsten du auch glaubst, durchwandern zu müssen,
wisse MICH und MEINE Boten links und rechts an deiner Seite.
ICH lasse dich niemals allein! Gemeinsam schaffen wir das!
Dies verspricht dir dein Freund *Christus*

♥   <u>**Mein Mantra für dich**</u>   ♥

ICH BIN geborgen, getragen, behütet.

59. ICH gebe dir Halt – mitten in allem, was ist!

Mein geliebtes Wesen,

ICH BIN da!
Wenn du dich froh und heiter fühlst – ICH BIN da.
Wenn du dich verlassen und einsam fühlst – ICH BIN da.
Wenn Sorgen und Ängste dich bedrücken – ICH BIN da.
Wenn du dich kraftlos fühlst schmerzerfüllt – ICH BIN da.

Wann immer du meine Unterstützung möchtest, rufe zu MIR:
„Christus, DU Herz der Welt, gib mir Zuflucht!"
Und ICH hülle dich ein in meine wärmende Liebe.

Wann immer du dich angstvoll und klein fühlst, rufe zu MIR:
„Christus, mein Herr und Meister, gib mir Halt und Führung!"
Und ICH trage dich in der Größe meines gütigen Wesens.

Wann immer du dich schwach und leer fühlst, rufe zu MIR:
„Christus, mein Bruder, lass mich fühlen deine Stärke und Liebe!"
Und das kraftvolle Licht eines neuen Morgens
wird in dir aufgehen heute und an jedem Tag.

Sei dir ganz sicher, du mein geliebtes Wesen,
ICH BIN da – mitten in allem, was ist.
Tief in dir und weit um dich herum strahlt mein liebendes Licht.
Damit durchströme ICH dich und hülle dich ein.
Dieses Leuchten wird dich umgeben, wenn du durch deinen Tag gehst.
Es verleiht dir Schutz, Würde, Liebe und Kraft.

Mit dem Licht des ALL-EINEN segnet dich
dein Herzens-Licht, deine Welten-Liebe *Christus*

♥   <u>Mein Mantra für dich</u>   ♥

ICH BIN Liebe, ICH BIN Licht.

60. Mein neues Kreuz aus liebendem Licht

Mein innig geliebter Mensch!

Für sechzig Tag habe ICH dir nun meine Worte der Liebe geschenkt – und ICH gehen weiter mit dir durch Dick und Dünn. Wenn du es willst führe ICH dich in jeder Minute deines Lebens deutlich und liebevoll durch dein Geschick.

Mit MIR kannst du in eine Liebe hinein wachsen, die stark und unerschütterlich IHRER Wahrheit treu bleibt und der du immer vertrauen kannst.

MEINE Gnade und Güte ist dein!

Mit MIR entwickelst du den Mut, groß (in der Liebe) zu sein, groß-mütig zu geben, zu lieben, zu verstehen und zu verzeihen.

Mit MIR brauchst du deine wahre Größe nicht mehr zu verbergen, weder vor dir selbst noch vor anderen, denn sie kann sanft und bescheiden daher kommen und in ihrer Kraft und liebevollen Macht viel gestalten, bewirken und verändern.

Das Licht deiner Liebe scheint durch dich schon jetzt und wird immer mehr an Strahlkraft gewinnen.

Lebe in deiner Größe,
strahle in deinem Licht,
verwirkliche die Vision deiner Seele,
handle und wandle in IHRER Wahrheit.
Mit MIR kannst du es!

Hier schenke ich dir eine Meditation für die neue Zeit,
die bereits begonnen hat:

Lass die Kraft der Erde und das Licht des Himmels als zwei wunderschöne leuchtende Kraftströme durch dich fließen. Stell dir vor, wie die Kraft der Erde als farbiges Licht von unten nach oben durch dich fließt, und wie sich das Licht des Himmels, von oben nach unten in dich und durch dich ergießt. Beide Lichtströme fließen nun gleichzeitig. So bist du mit liebender Kraft verbunden, die dich nährt und führt. Sie lässt das dir eigene Licht in der Mitte deiner Brust weit und weiter leuchten.

Sie macht dein Herz weit und lässt dein inneres Licht nach beiden Seiten hinaus in die Welt zu deinen Brüdern und Schwestern fließen. So entsteht ein Lichtkreuz, in dessen Zentrum dein strahlendes Herz, die Herzsonne deines Seins ist.

Dieses Kreuz möge dich immer an MICH erinnern. Es ist mein Zeichen.

Du kennst das Kreuz als mein Symbol im christlichen Glauben. Hier nun aber schenke ICH dir ein neues Kreuz, das sich vom Zentrum aus in alle Richtungen in gleicher Entfernung ausdehnt. Auf diese Weise wird das alte Kreuz des Leidens durch ein Pluszeichen abgelöst.

ICH bringe dir ein Plus an Lebenskraft, Lust und Liebe!

Lass dich von MIR beschenken -
und vertraue auf das wunderbare Plus,
das durch MICH in dein Leben kommt.

♥   Mein Mantra für dich   ♥

ICH BIN sicher und fühle mich zuhause im Plus der neuen Zeit.

Vertrauen in die neue Zeit
und in MEINE Liebe, die dich immer trägt
wünscht dir dein Meister, Bruder und Freund, *Christus*

Liebe Leserin, lieber Leser,

nach diesen Worten, die uns nun mehr als 60 Tage begleitet haben, möchte ich dir nun eine behütete, geborgene Zeit wünschen in der Verbundenheit mit unserem gemeinsamen gütigen Freund.
SEINE Energie der Liebe und grenzenlosen Annahme möge dir immer Wärme und ein Gefühl von Heimat und Verbundenheit geben.

Gern kannst du dich an mich wenden, wenn du dir auch menschliche Unterstützung auch per Telefon) auf deinem Weg wünschst.
Grüße aus dem Herzen, in dem wir alle eins sind, sendet dir
Marina Kaiser,

Heilpraktikerin, Entspannungs- und Rückführungstherapeutin, Reiki-Lehrerin, Rückführngstherapeutin, systemische Familienaufstellerin, Autorin

Schwerpunkte meiner Arbeit sind:
Gefühlsmäßige und spirituelle Unterstützung durch:
gestalttherapeutisch ausgerichtete Gespräche und Übungen, systemische Aufstellungen (z.B. Familienaufstellungen), heilende innere Reisen in die Vergangenheit, Integration abgespaltener Persönlichkeitsanteile, Hilfe beim Finden der innerer Kraft- und Weisheitsquelle, Anleitung für den wohltuenden Kontakt mit dem inneren Kind, einfühlsame und kreative Lösungswege für die Aussöhnung mit dem sensiblen Vater- und Mutterthema, heilende Arbeit mit inneren Bildern, Unterstützung in Selbstliebe und Vertrauen
Ganzheitliche Behandlungen durch Massagen, Reiki, Bachblüten, Autogenes Training

Weitere Infos gibt es auf meiner Website www.marina-kaiser.de und gern auch per Tel.: 030/7218938 (Kontaktdaten sind am Anfang des Buches)
Jeder Anruf, jede Mail ist willkommen!

Folgende Bücher und Karten sind bisher von mir erschienen:

Das kleine Ich und das große Licht - Gespräche, die den Alltag heller machen Gespräche, die mein kleines Ich (manche sagen auch Ego dazu) mit der göttlichen, unbegrenzten, liebenden Ebene des Seins führt. Nach und nach lernt es, seinem großen, unendlich liebenden Freund immer tiefer zu vertrauen... Ein Dialog über Schicksal, roter Seelenfaden, (Selbst-)Liebe, Erfüllung   14,90 €

Engel, die guten Kräfte deines Lebens (Band 1+2) - 365 Tagesimpulse in zwei Bänden: Engelbotschaften, Anleitungen zur Selbstliebe, Meditationen, Kraftplätze, Geschichten, Chakra-Energien...   14,90 €

Heilende Fragen der Engel (Engelkartenset) - Kraft und neue hilfreiche Sichtweisen entstehen durch die Fragen, die die Engel auf diesen Karten stellen. Ausführliche Botschaften zu den Engelkarten sind in den beiden Büchern "Engel, die guten Kräfte deines Lebens Band 1 + Band 2"   9,90 €

Engel sind für dich da - 52 Engel-Botschaften für jede Woche des Jahres mit praktischen Anleitungen zur Umsetzung der Wochenthematik und mit Kraftsätzen für jeden Wochentag   14,90 €

Engel begleiten dich - 30 Engelbotschaften für jeden Tag des Monats mit Morgen- und Abendgedanken und Kraftsätzen)   10,90 €

Engel weisen den Weg – Ein märchenhafter Roman für Erwachsene, mit einer Liebesgeschichte und den Themen „Auswirkung der Gedanken auf die Realität", „Inneres Kind", „Umgang mit Angst und Einsamkeit", und mit einem magischen Adventskalender voller Engel-Botschaften   10,90 €

Auf dem Weg ins Vertrauen - ein spiritueller Ratgeber für mehr Lebensfreude und Selbstakzeptanz in Form eines Dialoges mit meinen guten Kräften und dem göttlichen Licht, im 2.Teil: Meditationsanleitungen und Mandalas   9,60 €

Briefe deines Königs - Stell dir vor: ein mächtiger weiser König ist dein Freund und persönlicher Berater - Eine liebevolle Macht gibt dir Vertrauen und stärkt dich in deiner Lebe und Selbstakzeptanz   9,60 €

Carolines Weg durch die Angst - ein Reinkarnations-Märchenroman mit den Themen „Hingabe, Vertrauen, Liebe, roter Lebensfaden..."   8,40€

**Leseprobe aus: Carolines Weg durch die Angst –
Die Macht der Liebe des Maharadscha**

Es ist... ein Tag im Leben der jungen europäischen Frau namens Caroline, der ihr Leben von Grund auf verändern soll. Sie weilt für einige Wochen mit ihren Eltern in Indien, da ihr Vater dort einem wichtigen Auftrag als Baumeister nachkommt. Als ihre Eltern beide durch einen Unfall plötzlich sterben, verändert sich ihr bisher behütetes Leben total. Sie steht allein, mittellos in einem fernen Land und kann nicht einmal die Zimmerrechnung bezahlen...

Ein Maharadscha bezahlt die offen gebliebene Rechnung Carolines und hat sie damit nach den Sitten des Landes gekauft – mit all ihren Habseligkeiten. Er lässt sie in seinen Palast, ein großzügig angelegtes weißes Gebäude, bringen. Als sie durch die hellen Gänge des Palastes zu ihrem zukünftigen Herren geführt wird, begegnen ihr einige freundliche Frauen in schönen weichen Gewändern, die sie interessiert betrachten. Caroline hat in ihrer Aufregung keinen Blick für sie. So kann sie auch die ausgeglichene heitere Stimmung, die von ihnen ausgeht, nicht wahrnehmen.

Nach einer freundlichen Begrüßung erklärt der Maharadscha ihr die Sachlage, und sie erkennt, dass sie nun als Haremsfrau dem Maharadscha auf Gedeih und Verderb ausgeliefert ist. Sie kann den Schmerz und die Verzweiflung über diese, ihr so aussichtslos und furchtbar erscheinende Situation kaum ertragen. Jetzt, wo der Maharadscha sie als weiteres Mitglied seines Harems willkommen heißt, wird ihr heiß und kalt. Sie, die bisher allen Männern aus dem Weg gegangen ist, soll sich nun in die Gemeinschaft eines Harems einfügen... Nein! Sie will mit den anderen Frauen hier nichts zu tun haben! Sie will gar nicht hierbleiben. Warum muss ausgerechnet ihr das widerfahren?

Der Maharadscha ist ein einfühlsamer Mann, der die Verzweiflung und Angst in der jungen Frau erkennt. Er lässt ihr viel Zeit, sich an die neue Situation zu gewöhnen. Sie bekommt ein eigenes Zimmer, und er gibt ihr die Erlaubnis, sich im Palast und dem dazugehörigen Garten frei zu bewegen. Verboten ist ihr lediglich, das Palastgelände zu verlassen.

Angekommen in ihrem Zimmer hat sie nicht lange Zeit zum Weinen, da sie von einem kleinen, dunkelhäutigen Jungen, namens Pedro besucht wird. Er freut sich, dass sie da ist und erzählt ihr, wie gut man es hier habe. Er hat seine Eltern verloren und darf im Palast des Maharadscha leben, wie noch einige andere Weisen. Sie brauche nicht zu weinen, da man hier immer satt werde, in einem richtigen Bett schlafen könne und nicht geschlagen werde. Besser könne es doch kaum sein...

...Wenige Stunden später wird ihr ein kleines Hündchen mit einer verletzten Pfote gebracht. Der Maharadscha lässt ihr die Bitte ausrichten, sich darum zu kümmern in der Absicht, ihren zunächst schweren Zeiten hier tröstenden Inhalt zu geben.

Als der Maharadscha sie das nächste Mal zu sich rufen lässt und sie nach ihrem Befinden fragt, erzählt sie ihm von Heimweh-Gefühlen.

„Zu hause bist du dort, wo deine Seele Frieden findet!"

erwidert er. „Ich möchte dir ein Geschenk machen, damit du dich vielleicht ein wenig heimischer hier fühlst. Ich habe aus deinen Notenbüchern ersehen, dass du die Musik liebst."

Damit holt er eine Gitarre und legt sie ihr in die Arme. Seine Bitte, ihm etwas vorzuspielen...

Begegnung – oder wie (un)wirklich ist Fantasie?

In einem traumähnlichen Zustand sieht Caroline ein Bild aus der Zukunft von einer Frau im 21.Jahrhundert, die ihre Geschichte aufschreibt. Sie fragt sich: „Hat diese Frau meine Erlebnisse und Gefühle durch die Wellen von Raum und Zeit aufgefangen? Oder hat sie mein Schicksal erdacht und damit erschaffen?"

Bald versteht sie: Alle ihre Erfahrungen, an denen die Schreiberin durch dieses Buch teilhat, helfen dieser auch zu einem völlig neuen Bewusstsein, zu einer neuen vertrauenden Lebensgrundhaltung, verändern ihr Leben.

Alle Persönlichkeiten dieser Geschichte gehören irgendwie zusammen – erkennt Caroline. Wenn sich einer verändert, verändern sich alle anderen mit, haben an meinen Erfahrungen teil. So hat nicht nur die Phantasie der Frau aus dem 20. Jahrhundert, die meine Geschichte aufschreibt, Einfluss auf mich, sondern ich habe durch mein Denken, Fühlen und Leben auch Einfluss auf sie. Denn meine Entwicklung wird von ihr miterlebt, und sie selbst verändert sich dadurch auch.

„Es wäre phantastisch, wenn wir uns einmal persönlich unterhalten könnten...", denkt Caroline – und denkt im gleichen Augenblick auch die Schreiberin aus dem 20. Jahrhundert. Beide erhalten – woher auch immer – die gleiche Antwort: „Das könnt Ihr doch! Ihr braucht nur in jenes zeit- und raumlose Bewusstsein zu gehen, in dem ihr auch Eure Inkarnationsbilder erlebt habt."

Beide tauchen daraufhin ein in jenen wunderbaren Lichtstrom, gehen in Trance und lassen sich von dem Lichtstrom des unendlichen Lebens tragen in eine Ebene lichtdurchfluteter Farbenpracht, wo sie...

*Dies sind Auszüge aus „**Carolines Weg durch die Angst**" - ein Reinkarnations-Märchenroman mit den Themen „Angst, Hingabe, Vertrauen, Liebe, roter Lebensfaden...   (8,40 €) Das Buch gibt es nicht mehr im Handel, kann aber bei mir bestellt werden. Ich sende es auf Wunsch gern auch mit Widmung zu.*